AF451661

A. BEGHIN,

Licencié (Fac. Paris) ès-sciences mathématiques et ès-sciences physiques.

RÈGLE A CALCULS

Modèle spécial.

RÉSOLUTION ABSOLUMENT GÉNÉRALE, **par un seul mouvement de la réglette**
de toutes les opérations effectuées par les autres règles

AVEC UNE APPROXIMATION DEUX FOIS PLUS GRANDE

et en plus, principalement :

du produit de trois facteurs,
du quotient d'un nombre par le produit de deux autres.

---

67 PROBLÈMES PRATIQUES ET INDUSTRIELS. — 132 FIGURES

SURFACES, VOLUMES ET POIDS. — COMPTABILITÉ ET FINANCES. —
MÉCANIQUE APPLIQUÉE. — RÉSISTANCE DES MATÉRIAUX. —
CHAUFFAGE. — ÉLECTRICITÉ INDUSTRIELLE. — CHIMIE. — INDUSTRIE.

SECONDE ÉDITION, ENTIÈREMENT REVUE ET TRÈS AUGMENTÉE.

PRIX : 1fr. 50.

PARIS

Librairie polytechnique	Fabrique de règles à calculs
CH. BÉRANGER, ÉDITEUR,	et d'instruments de mathématiques
Successeur de BAUDRY et Cⁱᵉ,	FONDÉE EN 1780.
15, rue des Saints-Pères, (VI)	**TAVERNIER-GRAVET, succʳ de GRAVET-LENOIR**
MAISON A LIÈGE, 21, rue de la Régence.	19, rue Mayet, (VI)
	ci-devant : 39, rue de Babylone.

1902.

—

A. BEGHIN,

Licencié (Fac. Paris) ès-sciences mathématiques et ès-sciences physiques.

RÈGLE A CALCULS

Modèle spécial.

RÉSOLUTION ABSOLUMENT GÉNÉRALE, **par un seul mouvement de la réglette**

de toutes les opérations effectuées par les autres règles

AVEC UNE APPROXIMATION DEUX FOIS PLUS GRANDE

et en plus, principalement :

du produit de trois facteurs,
du quotient d'un nombre par le produit de deux autres.

67 PROBLÈMES PRATIQUES ET INDUSTRIELS. — 132 FIGURES

SURFACES, VOLUMES ET POIDS. — COMPTABILITÉ ET FINANCES. —
MÉCANIQUE APPLIQUÉE. — RÉSISTANCE DES MATÉRIAUX. —
CHAUFFAGE. — ÉLECTRICITÉ INDUSTRIELLE. — CHIMIE. — INDUSTRIE.

SECONDE ÉDITION, ENTIÈREMENT REVUE ET TRÈS AUGMENTÉE.

PRIX : 1$^{fr.}$ 50.

PARIS

Librairie polytechnique CH. BÉRANGER, ÉDITEUR, Successeur de BAUDRY et Cie, 15, rue des Saints-Pères, (VI) MAISON A LIÈGE, 21, rue de la Régence.	Fabrique de règles à calculs et d'instruments de mathématiques FONDÉE EN 1780. TAVERNIER-GRAVET, succr de GRAVET-LENOIR 19, rue Mayet, (VI) ci-devant : 30, rue de Babylone.

1902.

PRÉFACE DE LA PREMIÈRE ÉDITION.

A notre époque d'activité industrielle et de « *struggle for life* » intense, l'adage « *time is money* » est plus que jamais en honneur. On ne peut figurer, avec avantage, dans la lutte pour la vie, qu'en possédant à fond la science de la spécialité que l'on cultive, science à laquelle le calcul vient apporter un appui indispensable pour tout ce qui est susceptible de mesure. Mais, devant le panorama journalier qui défile rapidement devant nos yeux, le temps manque, bien souvent, pour s'arrêter à chaque détail ; aussi, il est nécessaire que les éléments d'appréciation puissent s'obtenir instantanément. A un autre point de vue, il est bon de remarquer que le succès en affaires est habituellement dû autant à la vivacité qu'à la rectitude du jugement.

La règle à calcul ou logarithmique, qu'on pourrait appeler « *le vélo du calculateur* » supprime un travail fastidieux d'opérations numériques et économise un temps précieux, tout en apportant une certitude mathématique complète ; elle est absolument supérieure aux barèmes ou comptes faits, tant pour l'étendue de ses applications que pour sa rapidité de fonctionnement. Après quelques heures de pratique sérieuse, on arrive à déterminer, avec promptitude et précision, les positions respectives des nombres, c'est-à-dire que l'on possède suffisamment l'instrument pour s'en servir avec fruit ; la connaissance de l'arithmétique, même élémentaire, n'est pas indispensable.

La nouvelle règle, construite sur mes indications, fournit des solutions **deux fois plus approchées que les autres de même longueur,** sans en restreindre aucunement les applications comme le font les règles à échelles repliées. Avec le modèle de 0ᵐ26, l'approximation relative est couramment de 1/600 et peut atteindre 1/1000 dans toute l'étendue de la graduation ; de manière qu'il est toujours aisé d'obtenir trois chiffres exacts ; il est bien rare que, dans la pratique, on en exige davantage.

Dans ces cas exceptionnels, l'emploi en sera tout indiqué pour établir immédiatement une première base d'appréciation, servant à limiter les essais, ou bien pour permettre un contrôle rigoureux des premiers chiffres d'un résultat. Avec les règles anciennes de 0^m26, on ne peut pousser l'évaluation, d'une manière générale, au delà de 1/300; dans ces conditions, il n'est pas possible de fixer le troisième chiffre d'un nombre, lorsque le premier est supérieur à 4 ; c'est ce qui en restreint considérablement l'usage.

La nouvelle règle permet de plus d'effectuer, *par un seul déplacement de la réglette, dans tous les cas possibles,* **le produit de trois facteurs et le quotient d'un nombre par le produit de deux autres. L'approximation** est ici **quatre fois plus grande** qu'avec les règles anciennes opérant par deux mouvements et la **rapidité** en est **double**. Dans le calcul, fréquemment rencontré, du produit d'un certain nombre de facteurs figurant en numérateur ou en dénominateur seulement, on économise la moitié des opérations nécessaires pour arriver au résultat.

Ces avantages, sur l'importance desquels il serait superflu d'insister, ont été obtenus **sans aucune complication dans le procédé opératoire**. Il faut avoir bien remarqué, une fois pour toutes, que, dans toute opération exécutée avec la réglette dans sa position normale, *on ne peut faire usage des échelles supérieures que pour un nombre pair de termes.* La lecture des divisions est moins sujette à erreurs que dans les anciens modèles, n'ayant ici habituellement que des échelles de même grandeur devant les yeux.

Sur le revers de la règle, on a inscrit des données numériques et des constantes d'un usage courant. Une table nouvelle des trois derniers chiffres d'un carré permet d'obtenir exactement ceux de moins de sept chiffres. Une autre table renferme des diviseurs destinés à déterminer, par un seul mouvement de la réglette retournée, le volume ou le poids pour une substance usuelle, d'un parallélépipède à base carrée, d'un cylindre ou d'une sphère. Les principaux de ces diviseurs sont reproduits sur la règle, ce qui dispense d'en faire la recherche.

J'ai fait suivre la théorie et l'exposé des propriétés de l'instrument d'applications nombreuses, illustrées de figures et se référant à la technologie industrielle. Cette seconde partie montrera, d'une façon plus claire encore que la première, les avantages que l'on peut retirer de la règle dans la pratique quotidienne. Les questions usuelles d'arithmétique et de géométrie, la science de l'ingénieur, l'électricité et la chimie industrielle, l'industrie textile etc., ont fourni tour à tour des exemples, dont plusieurs inédits, soit dans la forme, soit dans le mode opératoire. Le lecteur est prié de les lire attentivement et de refaire les calculs la règle en mains ; c'est le meilleur moyen d'acquérir l'habitude nécessaire pour tirer profit de l'instrument.

La maison Tavernier-Gravet, qui depuis de longues années a, pour ainsi dire, le monopole de la construction des règles à calculs en France, a bien voulu apporter ses soins à la construction de celle-ci et l'établir sensiblement au même prix que les anciens modèles. Je ne puis trop lui en savoir gré ; mis ainsi à la portée de tous, ce petit outil du calculateur atteindra son but, qui n'a rien de commercial, de pouvoir être utile à tous, et principalement aux ingénieurs, aux manufacturiers, aux contremaîtres, aux ouvriers, en un mot à ceux qui, dans les travaux publics ou dans l'industrie agissent et luttent pour la prospérité du pays.

Roubaix, 15 Août 1898.   A. BEGHIN.

PRÉFACE DE LA SECONDE ÉDITION.

La nouvelle règle à calculs parue vers la fin de 1898 avec la première édition de cette brochure a été présentée effectivement au public, dès avril 1899, à l'une des remarquables expositions annuelles de la Société Française de Physique. Elle bénéficia ensuite de la grande publicité de l'Exposition Universelle de 1900 et aussi du bienveillant accueil ou de distinctions dont l'honorèrent plusieurs Sociétés savantes, la Société des Ingénieurs civils de France, l'Association française pour l'avancement des sciences, la Société d'encouragement pour l'industrie nationale et la Société Industrielle du Nord de la France. C'est ainsi qu'elle arriva, en peu de temps, à être connue d'un grand nombre d'ingénieurs et de techniciens.

L'approbation unanime qu'elle a rencontrée près du public compétent m'est la récompense la plus précieuse, comme le plus puissant encouragement à m'efforcer de la mériter. Si je puis espérer que le type de la nouvelle règle est définitif et qu'il n'y a pas lieu de songer à le modifier, mes efforts tendront du moins à rendre la notice aussi correcte et aussi intéressante que possible.

Cette seconde édition, entièrement remaniée dans la première partie, contient, outre plusieurs articles et problèmes nouveaux, une étude inédite des positions relatives de deux nombres.

Je remercie vivement les personnes qui ont eu l'obligeance de me signaler des fautes dans l'édition précédente ou de me transmettre leurs observations. Ces observations, je les recevrai toujours avec reconnaissance et j'en tiendrai compte pour les éditions ultérieures, en me gardant de tout point de vue trop exclusif. C'est ainsi que je n'ai pas cru devoir, à mon grand regret, donner satisfaction intégrale à la demande d'une notice plus élémentaire. Sans doute, il est difficile, sinon impossible, de faire comprendre certains raisonnements ou procédés opératoires à qui ne possède aucune notion de mathématique, mais n'est-il pas suffisant pour qu'un tel livre s'adresse à tous que les *différents articles en soient indépendants les uns des autres* de façon que l'on puisse se reporter à l'un d'eux en laissant de côté ceux qui précèdent. Cette disposition, naturellement réalisée ici, évite de nombreuses suppressions et lacunes; elle ne peut gêner les moins initiés aux calculs qui y rencontrent aussi des explications et exemples élémentaires, immédiatement applicables, moyennant, bien entendu, l'étude préalable de quelques signes d'opérations et termes courants, facteur, quotient, proportion, etc., sans lesquels le langage mathématique deviendrait diffus et rebutant.

L'Exposition Universelle m'a permis de constater que si la règle à calculs se répand de plus en plus, elle est encore beaucoup plus appréciée à l'étranger qu'en France. Cette infériorité n'est pas aussi négligeable qu'on pourrait le croire ; à mérite égal, la règle procure à celui qui en fait usage une avance indiscutable et comme je l'écrivais ailleurs : « ce si utile auxiliaire du calculateur, et tout le monde l'est plus ou moins, devient indispensable à qui a voulu prendre la peine, bien légère, de se familiariser avec son fonctionnement ». Il serait donc éminemment désirable que la règle pût être mise entre les mains des ouvriers et qu'on l'introduise au moins dans les écoles primaires supérieures et d'enseignement professionnel. Or, à peine figure-t-elle aux programmes de quelques écoles spéciales où son étude est trop souvent négligée.

Roubaix, 8 Septembre 1901,   A. BEGHIN.

Rue du Tilleul, 50.

TABLE DES MATIÈRES.

II. — EXEMPLES DIVERS DE CALCULS RÉSOLUS AVEC LA RÈGLE.

I. — INSTRUCTION
SUR LA NOUVELLE RÈGLE A CALCULS.

Préliminaires.

Description. — La nouvelle règle à calculs se compose d'une règle proprement dite, d'une partie mobile, réglette ou tiroir glissant dans une coulisse de la règle et d'un curseur en verre.

La règle porte deux graduations ou échelles ; une échelle inférieure allant de 10^n à 10^{n+1} et une échelle supérieure de $10^n \sqrt{10}$ à $10^{n+1} \sqrt{10}$, conséquemment décalée par rapport à la première de la moitié de sa longueur.

La réglette possède les mêmes échelles et de plus une échelle placée en son milieu, identique à l'échelle inférieure, mais renversée, c'est-à-dire graduée de 10^{n+1} à 10^n.

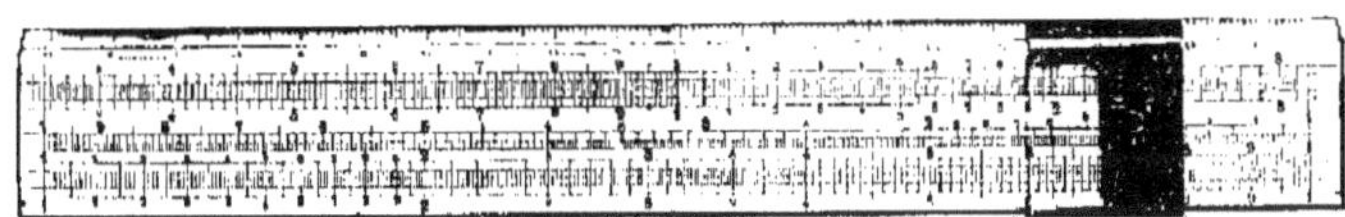

La valeur de n étant indéterminée, la lecture d'un nombre et les opérations se font sans tenir compte de la place de la virgule, ainsi les nombres 2150 ; 215 ; 21,5 ; 2,15 ; 0,215, se confondent sur la règle. Comme on apprécie aisément les trois premiers chiffres, nous pouvons dire que la graduation supérieure va de 316,2 à 1000, puis de 1000 à 316,2 et la graduation inférieure de 100 à 1000.

Les divisions principales portent leur indication numérique. Les divisions du second ordre sont toutes inscrites, mais ne sont indiquées numériquement qu'entre 100 et 200. Les divisions du troisième ordre sont inscrites d'unité en unité, de 100 à 200 ; de deux en deux unités de 200 à 400 ; de cinq en cinq unités, de 400 à 1000 ; l'intervalle entre deux traits s'évalue encore facilement, à une unité près, vers la fin de l'échelle.

Le revers de la réglette comprend aussi trois échelles ; deux donnent les arcs dont les sinus ou les tangentes sont les nombres de l'échelle inférieure et une troisième porte les carrés des nombres figurés sur les échelles de la règle.

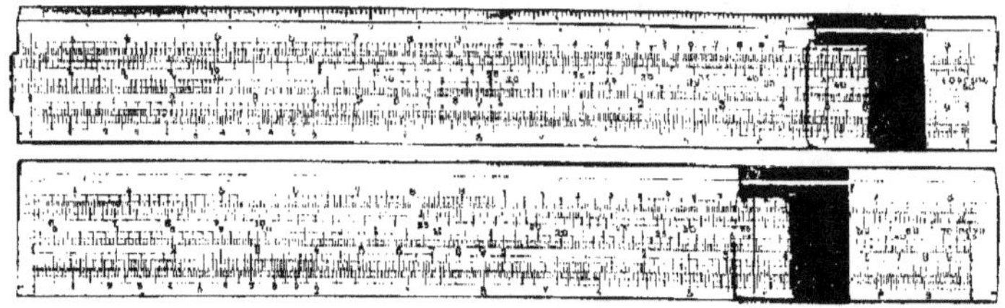

Les logarithmes des nombres de l'échelle inférieure sont inscrits sur la tranche non biseautée de la règle ainsi que les diviseurs d'un usage courant.

On désigne généralement sous le nom d'indicateurs, les traits correspondants aux chiffres 1, 10, 100 ou 1000.

Il est absolument nécessaire que l'opérateur puisse lire ou indiquer rapidement un nombre ; l'usage de l'instrument n'offre pas d'autre difficulté et n'exige en conséquence qu'un peu de pratique.

Le curseur a pour objet de reconnaître les nombres correspondants de deux échelles et aussi de fixer un résultat qui doit être soumis à un calcul ultérieur.

Lettres et signes. — Nous ferons un fréquent usage de lettres pour représenter les quantités ; nous aurons ainsi l'avantage d'une plus grande généralité dans le raisonnement. De plus, pour abréger le langage, nous nous servirons de quelques signes et symboles d'opérations :

Le signe de l'addition $+$ qui se lit *plus*.

Le signe de la soustraction $-$ qui se lit *moins*.

Le signe de la multiplication $\times$ ou, qui se lit *multiplié par*. Ce signe se supprime sans inconvénient, lorsque les grandeurs sont représentées par des lettres, ainsi $a\,b$ se lit *a multiplié par b*.

Le signe de la division, $\dfrac{\text{dividende}}{\text{diviseur}}$; ce signe est un trait, au-dessus duquel on place le dividende ou quantité à diviser et au-dessous le diviseur ; ainsi $\dfrac{A}{B}$ se lit A *divisé par* B.

Le signe de l'égalité $=$ qui se lit *égale*.

Lorsqu'un nombre doit être multiplié par lui-même, le résultat ou produit prend le nom de carré et s'indique par un petit chiffre 2 placé en haut et à droite du nombre, ainsi 8^2 représente le produit de 8 par 8 ou 64. Si le carré doit encore être multiplié par le nombre lui-même, le résultat prend le nom de cube et s'indique par le chiffre 3 de la même manière. La 4e puissance est le produit du cube par le nombre et s'indique par le chiffre 4 et ainsi de suite.

Extraire une racine d'un nombre, c'est chercher un autre nombre qui, multiplié un certain nombre de fois par lui-même, reproduise le nombre proposé. On représente les racines par le signe $\sqrt{\ }$, en indiquant par un petit chiffre (sauf dans le cas de la racine carrée) placé en haut du signe, combien de fois le nombre cherché doit entrer comme facteur dans le produit. Ainsi $\sqrt[3]{125}$ se lit *racine cubique* de 125; le nombre représenté par ce symbole est 5, en effet $5 \times 5 = 25$ et $25 \times 5 = 125$ (5 entre trois fois comme facteur dans 125).

Propriétés des échelles. — Représentons par les lettres A, A′, A″.... a, a', a''... les nombres inscrits sur les échelles supérieures, par les lettres B, B′, B″... b, b', b''..., les nombres inscrits sur les échelles inférieures, en réservant les majuscules pour la règle et les minuscules pour la réglette. Les nombres de l'échelle renversée du milieu de la réglette seront désignés par c, c', c''... Les grandeurs qui se correspondent seront affectées des mêmes accents. D'après le mode de graduation on a :

$$\frac{A'}{B'} = \frac{A''}{B''} = \frac{A'''}{B'''} = \ldots = \frac{a'}{b'} = \frac{a''}{b''} = \frac{a'''}{b'''} = \ldots \sqrt{10}.$$

$$A'^2 = 10\,B'^2 \quad A''^2 = 10\,B''^2 \ldots \quad a^2 = 10\,b^2 \quad a'^2 = 10\,b'^2 \quad a''^2 = 10\,b''^2$$

$$b'c' = b''c'' = b'''c''' = \ldots 10 \quad a'c' = a''c'' = a'''c''' = \ldots \sqrt{10}.$$

Les divisions des échelles étant proportionnelles aux logarithmes des nombres inscrits, on en déduit les relations suivantes, entre les nombres correspondants dans une position quelconque de la réglette :

$$(1) \quad \frac{A'}{a'} = \frac{A''}{a''} = \ldots \frac{B'}{b'} = \frac{B''}{b''} = \ldots \frac{B}{1_b} = \frac{A}{1_a} = \frac{1_A}{a} = \frac{1_B}{b}$$

$$(2) \quad \frac{A'}{b'} = \frac{A''}{b''} = \ldots \frac{B'}{a'} = \frac{B''}{a''} = \ldots \frac{A}{1_b} = \frac{B}{1_a} - \frac{1_B}{a} - \frac{1_A}{b}$$

$$(3) \quad \begin{array}{l} B'\,c' = B''\,c'' = \ldots\ B\,1_c = 1_B\,c \\ A'\,c' = A''\,c'' = \ldots\ A\,1_c = 1_A\,c \end{array}$$

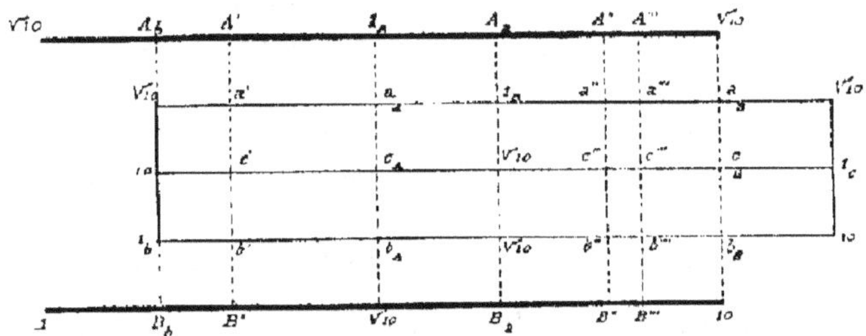

On peut supposer que les numérateurs des rapports sont inscrits sur la règle et les dénominateurs sur la réglette ; on peut aussi bien faire l'hypothèse inverse.

Les relations précédentes s'énonceront comme suit :

1. — *Dans toute position de la réglette, les rapports formés par les nombres de la règle et leurs correspondants sur les échelles de même espèce de la réglette, sont égaux entre eux.*

2. — *Dans toute position de la réglette, les rapports formés par les nombres de la règle et leurs correspondants, sur les échelles d'espèce différente de la réglette sont égaux entre eux (et aux précédents multipliés par $\sqrt{10}$).*

3. — *Dans toute position de la réglette :*

a) *Les produits des nombres de l'échelle du milieu et de leurs correspondants de l'échelle inférieure de la règle sont égaux entre eux.*

b) *Les produits des nombres de l'échelle du milieu et de leurs correspondants de l'échelle supérieure de la règle sont égaux entre eux (et aux précédents multipliés par $\sqrt{10}$).*

REMARQUES GÉNÉRALES. — A. Toute opération simple effectuée par un seul déplacement de la réglette (dans sa position normale) étant basée sur ces relations, il est très important de remarquer qu'il y entre toujours quatre termes ; deux sont sur la règle et leurs correspondants respectifs sur la réglette, par suite : 1° s'il n'y a qu'une seule donnée, ou bien l'on en cherche l'inverse et alors il doit entrer deux indicateurs dans l'opération ; ou encore l'on se propose d'extraire une racine carrée et l'inconnue est deux fois représentée ; dans ce cas, il n'est besoin que d'un indicateur ; 2° si les données sont au nombre de deux, il faut mettre en jeu un indicateur pour former, avec le résultat, les quatre éléments nécessaires ; 3° si les données sont au nombre de trois, on n'a pas à employer d'indicateur. Dans tous les cas, *on ne peut faire usage des échelles supérieures qu'un nombre pair de fois.*

Les seules combinaisons d'échelles possibles sont les suivantes dont les deux dernières servent exclusivement pour effectuer le produit de trois facteurs ou le quotient d'un nombre par le produit de deux autres.

1. Quatre échelles supérieures ;

2. Quatre échelles inférieures ;

3. Deux échelles supérieures et deux échelles inférieures ;

4. Deux fois l'échelle du milieu de la réglette et deux fois l'échelle supérieure de la règle ;

5. Deux fois l'échelle du milieu de la réglette et deux fois l'échelle inférieure de la règle ;

6. Une fois l'échelle du milieu de la réglette et trois fois les échelles inférieures ;

7. Une fois l'échelle du milieu de la réglette, deux fois les échelles supérieures et une fois une échelle inférieure ;

B. En faisant correspondre deux nombres l'un sur la règle et l'autre sur la réglette, *on doit chercher à faire sortir celle-ci de moins de la moitié de sa longueur de manière que tous les nombres puissent figurer dans le champ utile de l'instrument, c'est-à-dire dans la partie en correspondance ; ce qui est toujours possible.*

Réglette retournée. — Le revers de la réglette porte l'échelle des carrés, celle des sinus et celle des tangentes.

En faisant exactement coïncider les indicateurs de la réglette retournée avec ceux de la règle, on remarque que les nombres lus sur les deux échelles de la règle correspondent avec leurs carrés lus sur la réglette retournée.

Dans une position quelconque de la réglette retournée, on a, en désignant, sans tenir compte de la virgule, les nombres inscrits sur celle-ci par les lettres $d\ d'\ d''$... s'ils appartiennent à la première échelle et $d_1\ d'_1\ d''_1$ s'ils appartiennent à la seconde :

$$(4)\quad \frac{d}{A^2}=\frac{d'}{A'^2}=\frac{d''}{A''^2}=\cdots\frac{d_1}{B^2}=\frac{d'_1}{B'^2}=\frac{d''_1}{B''^2}=\cdots\text{ et }\frac{d_1}{A^2}=\frac{d'_1}{A'^2}=\cdots\frac{d}{B^2}=\frac{d'}{B'^2}$$

D'autre part, en désignant par le symbole $(\sqrt{d})_1$ la première racine carrée de d, c'est-à-dire celle que l'on obtient en prenant pour d un nombre impair de chiffres entiers et par $(\sqrt{d})_2$ la seconde, obtenue en donnant à d un nombre pair de chiffres entiers, on a encore :

$$(5)\quad \frac{(\sqrt{d})_1}{B}=\frac{(\sqrt{d'})_1}{B'}=\frac{(\sqrt{d''})_1}{B''}=\cdots\cdots=\frac{(\sqrt{d})_2}{A}=\frac{(\sqrt{d'})_2}{A'}=\frac{(\sqrt{d''})_2}{A''}$$

$$=\frac{(\sqrt{d_1})_1}{A_1}=\frac{(\sqrt{d'_1})_1}{A'_1}=\cdots\cdots=\frac{(\sqrt{d_1})_2}{B_1}=\frac{(\sqrt{d'_1})_2}{B'_1}$$

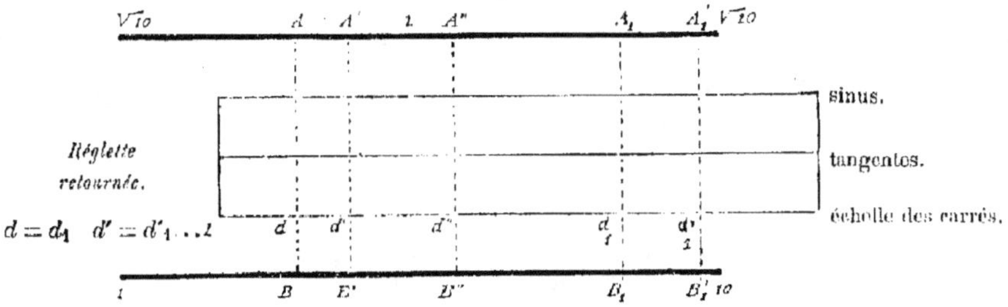

Comme précédemment, les grandeurs qui se correspondent sont affectées des mêmes accents.

Remarques. — En faisant usage de la réglette retournée, on a aussi à considérer quatre termes dans toute opération simple, dont deux carrés ou deux racines. Il va sans dire que l'un de ces carrés peut être égal à l'unité comme l'une des racines (ou les deux, si l'on ne tient pas compte de la place de la virgule).

Cas de deux carrés. — 1° Si l'on fait usage deux fois de la même échelle inférieure de la réglette retournée (première ou deuxième indifféremment) on pourra employer à volonté, deux fois l'échelle supérieure de la règle ou deux fois l'échelle inférieure.

2° Si l'on emploie les deux échelles inférieures de la réglette à la fois, il faudra pour l'un des deux autres termes prendre l'échelle supérieure de la règle et pour l'autre l'échelle inférieure.

Cas de deux racines. — 1° Les deux quantités dont on doit prendre les racines ont le même nombre de chiffres entiers pair ou impair.

a. — Ces deux quantités étant lues sur la même échelle inférieure de la réglette, les deux autres devront être lues sur une même échelle de la règle.

b. — Ces deux quantités étant lues, l'une sur la première échelle inférieure de la réglette, l'autre sur la seconde, les deux autres le seront sur des échelles différentes de la règle.

2° Les deux quantités dont on doit prendre les racines ont l'une un nombre pair de chiffres entiers, l'autre un nombre impair.

a'. — Ces deux quantités étant lues sur la même échelle inférieure de la réglette, les deux autres le seront sur des échelles différentes de la règle.

b'. — Ces deux quantités étant lues, l'une sur la première échelle inférieure de la réglette, l'autre sur la seconde, les deux autres le seront sur une même échelle de la règle.

De la correspondance de deux nombres.

A. ÉCHELLES SUPÉRIEURES ET INFÉRIEURES.

1° L'un des nombres est un indicateur. — On le prendra généralement sur la réglette, en remarquant d'ailleurs que les deux parties de l'instrument « règle et réglette » étant identiques quant aux échelles employées, ce choix n'affecte en rien les positions relatives. Un nombre quelconque est inscrit deux fois sur la règle, supérieurement et inférieurement ; pour lui mettre en regard le premier indicateur de la réglette, on doit tirer celle-ci à droite ; on doit, au contraire, tirer la réglette à gauche pour mettre le troisième. La correspondance d'un nombre avec un indicateur peut donc s'établir par quatre positions. Deux de ces positions seront appelées « *principales* » parce que la réglette y est tirée de moins de la moitié de sa longueur (à droite pour l'une, à gauche pour l'autre) ; dans ces positions, le second indicateur de la réglette, correspond en même temps avec le nombre mais sur une échelle d'espèce différente et ce même nombre pris sur l'échelle du milieu correspond au second indicateur de la règle s'il a été lu d'abord sur l'échelle supérieure de la règle et au premier ou au troisième s'il a été lu sur l'échelle inférieure.

Ces deux positions seront dites encore « *complémentaires* » l'une par rapport à l'autre parce que leur tirage diffère d'une demi-échelle. Le tirage à droite de la première étant $n \times l$, le tirage à gauche de la seconde sera $(n - 0,5) l$. (l représente la longueur de l'échelle et n un facteur inférieur à 0,5).

Les deux autres positions seront appelées « *défectives* » par rapport aux précédentes dont elles dérivent, parce que le champ utile de la réglette y est réduit à moins de la moitié de sa longueur ; le tirage à droite de l'une est $(n + 0,5) l$ et le tirage à gauche de l'autre $(n - 1) l$. Ces positions ne seront généralement pas utilisées.

2º Les deux nombres sont quelconques. — On lit l'un des deux nombres, de préférence le numérateur ou le nombre à diviser sur la règle et on lui fait correspondre l'autre nombre, dénominateur ou diviseur, lu sur la réglette.

Cette correspondance peut s'établir par *trois positions distinctes* de la réglette dont deux ne nécessitent qu'un tirage inférieur à la moitié de la longueur de l'échelle, la première à droite de $n \times l$, la seconde à gauche de $(n - 0,5) l$.

Dans l'une que nous appellerons « *position principale* » la correspondance est établie deux fois, supérieurement et inférieurement. L'autre sera dite « *position complémentaire* » ; on l'obtiendra en déplaçant la réglette à l'opposé, d'une longueur égale à la moitié de l'échelle.

La troisième position « *position défective* » dérive de la position principale par tirage dans le même sens d'une demi-échelle. On n'en fera ordinairement pas usage.

La position complémentaire ne donne pas de position défective ; en effet, si l'on augmente le tirage d'une demi-échelle dans le sens de la position complémentaire, le dénominateur sera déplacé hors du champ utile.

Lorsque les échelles où figurent les nombres correspondants sont semblables, toutes deux supérieures ou toutes deux inférieures, la position est dite « *d'ordre normal* ». Elle est dite, au contraire, « *d'ordre anormal* » si les échelles sont dissemblables.

L'une des deux positions « *principale* » ou « *complémentaire* » est « *normale* » l'autre est « *anormale* ». La position « *défective* » est d'ordre opposé à celle dont elle dérive. *Les positions normales dispensent de l'usage de curseur.*

On peut remarquer que la moitié de l'échelle renversée du milieu de la réglette figure dans le champ utile à la fois dans les deux positions « principale ou complémentaire ». L'autre moitié figure partie dans la position principale et partie dans la position complémentaire. Si on doit utiliser un nombre de cette échelle qui appartient à cette seconde moitié, il faudra faire choix de la position qui le conserve dans le champ.

B. ÉCHELLES SUPÉRIEURE ET INFÉRIEURE ET ÉCHELLE RENVERSÉE.

Un nombre de l'échelle renversée du milieu de la réglette peut être mis en rapport de deux manières différentes avec un nombre de la règle, soit sur l'échelle supérieure, soit sur l'échelle inférieure. La différence de tirage de ces deux positions est d'une demi-échelle.

Nous appellerons « *position principale* » celle dans laquelle le nombre pris sur la règle figure deux fois dans le champ. La seconde position « *complémentaire* » de la précédente est quelquefois « *défective.* »

C. ÉCHELLES SUPÉRIEURE ET INFÉRIEURE ET ÉCHELLES DES CARRÉS (RÉGLETTE RETOURNÉE).

On peut comme précédemment (A, 2) et de la même manière définir les positions de correspondance. D'autre part, assimilant la première échelle des carrés à une échelle inférieure et la seconde à une échelle supérieure, nous pourrons appeler « *position normale* » celle où la correspondance a lieu entre nombres situés sur des échelles de même genre et « *position anormale* » celle où la correspondance a lieu entre nombre d'échelles de genre différent.

L'une des deux positions « principale ou complémentaire » est « *normale* » ; l'autre est « *anormale* ». La position défective est d'ordre opposé à celle dont elle dérive.

Recherche d'une quatrième proportionnelle.

Les propriétés des échelles nous offrent trois méthodes pour déterminer le quatrième terme d'une proportion dont les autres sont connus.

Une proportion quelconque peut s'écrire de huit manières différentes équivalentes :

$$\frac{x}{m}=\frac{n}{p}\,;\ \frac{x}{n}=\frac{m}{p}\,;\ \frac{p}{m}=\frac{n}{x}\,;\ \frac{p}{n}=\frac{m}{x}\,;\ \frac{m}{x}=\frac{p}{n}\,;\ \frac{n}{x}=\frac{p}{m}\,;\ \frac{m}{p}=\frac{x}{n}\,;\ \frac{n}{p}=\frac{x}{m}$$

Considérons cette proportion sous la première forme $\dfrac{x}{m}=\dfrac{n}{p}$; en faisant correspondre n avec p, x correspondra avec m ; on prendra par exemple m et p sur la réglette, x et n seront alors sur la règle ; on peut, aussi bien, faire l'inverse.

Les échelles supérieures ne pouvant figurer qu'un *nombre pair de fois*, le choix des échelles est fixé comme suit :

1° Si m et p sont pris toutes deux sur une même échelle de la réglette, x et n devront être pris, toutes deux aussi, sur une même échelle de la règle.

Cette première méthode nous donne quatre procédés distincts comme l'indiquent les égalités (1) et (2) des pages 3 et 4

$$\frac{A'}{a'}=\frac{A''}{a''}\qquad \frac{B'}{b'}=\frac{B''}{b''}\qquad \frac{A'}{b'}=\frac{A''}{b''}\qquad \frac{B'}{a'}=\frac{B''}{a''}$$

2° Si m et p appartiennent à des échelles différentes de la réglette, l'une à l'échelle supérieure et l'autre à l'échelle inférieure, n et x devront aussi appartenir à des échelles différentes de la règle.

Cette seconde méthode nous donne deux procédés d'après les égalités fondamentales

$$\frac{A'}{a'}=\frac{B'}{b'}\qquad \frac{A'}{b'}=\frac{B'}{a'}$$

3° On peut encore écrire une proportion sous la forme $px=mn$.

En faisant correspondre m et n, l'une de ces quantités étant prise sur l'échelle du milieu de la réglette, l'autre sur la règle (échelle supérieure ou inférieure), x et p correspondent aussi sur les mêmes échelles.

Deux procédés dérivent de cette troisième méthode d'après les égalités (3) :

$$B'c'=B''c''\quad \text{et}\quad A'c'=A''c''$$

REMARQUE. — Ces procédés s'appliquent à la multiplication et à la division ; il suffit de supposer $p=1$ pour que l'inconnue x devienne un produit, de faire $n=1$ pour qu'elle soit un quotient.

En posant $n=m$ et $p=1$ l'opération est une élévation au carré ; avec $p=x$, elle devient l'extraction de la racine carrée d'un produit.

Multiplication.

1. — On fait correspondre l'un des facteurs lu sur la règle avec l'un des indicateurs de la réglette, ou inversement l'un des facteurs lu sur la réglette avec l'un des indicateurs de la règle.

Si le premier facteur est sur la règle, le produit sera également sur la règle et correspondra au second facteur lu sur la réglette.

Si le premier facteur est sur la réglette, le produit sera également sur la réglette et correspondra au second facteur sur la règle.

D'après ce qui a été dit précédemment, les échelles supérieures étant affectées d'un facteur $\sqrt{10}$ par rapport aux échelles inférieures, il en résulte que si des trois nombres : indicateur, premier et deuxième facteur, il s'en trouve un ou trois qui appartiennent aux échelles supérieures, le produit se lira aussi sur les échelles supérieures; si aucun de ces nombres ou deux d'entre eux appartiennent aux échelles supérieures, le produit se lira sur les échelles inférieures.

On peut lire le premier facteur sur quatre échelles différentes et lui faire correspondre trois indicateurs, mais généralement, on le prendra sur la règle et on adoptera exclusivement l'une des deux positions principales. La correspondance du second facteur au produit sera ainsi en position principale ou complémentaire.

2. — On peut aussi multiplier au moyen de l'échelle renversée du milieu de la réglette (dont les divisions sont proportionnelles aux parties décimales des cologarithmes des nombres inscrits). L'un des facteurs pris sur cette échelle est mis en correspondance avec l'autre lu sur la règle. Le produit se lit sur la même échelle de la règle que le second facteur, il est en regard de l'un des indicateurs extrêmes de la réglette.

Il est mieux d'employer ce second procédé, lorsque le produit doit être soumis à une opération ultérieure (multiplication, division, extraction de racine carrée).

Inverse d'un produit. Pour calculer l'inverse d'un produit de deux facteurs $\dfrac{1}{ab}$, on opère de façon à faire figurer ce produit ab sur l'échelle inférieure de la réglette. On trouvera l'inverse en regard sur l'échelle du milieu.

Remarques. Il est indispensable de se rappeler : 1° qu'un produit de deux facteurs a autant de chiffres entiers qu'il y en a dans les facteurs ensemble ou bien un chiffre de moins ; le premier cas se présente lorsque l'un quelconque des facteurs lu sur l'échelle inférieure de la réglette se trouve placé à droite de l'autre facteur lu sur l'échelle du milieu, on est au contraire dans le second s'il se trouve placé à gauche ; 2° qu'un produit de nombres décimaux a autant de décimales qu'il y en a dans les facteurs réunis et qu'ainsi il peut y avoir lieu pour compléter les décimales de faire précéder de zéros le premier chiffre significatif.

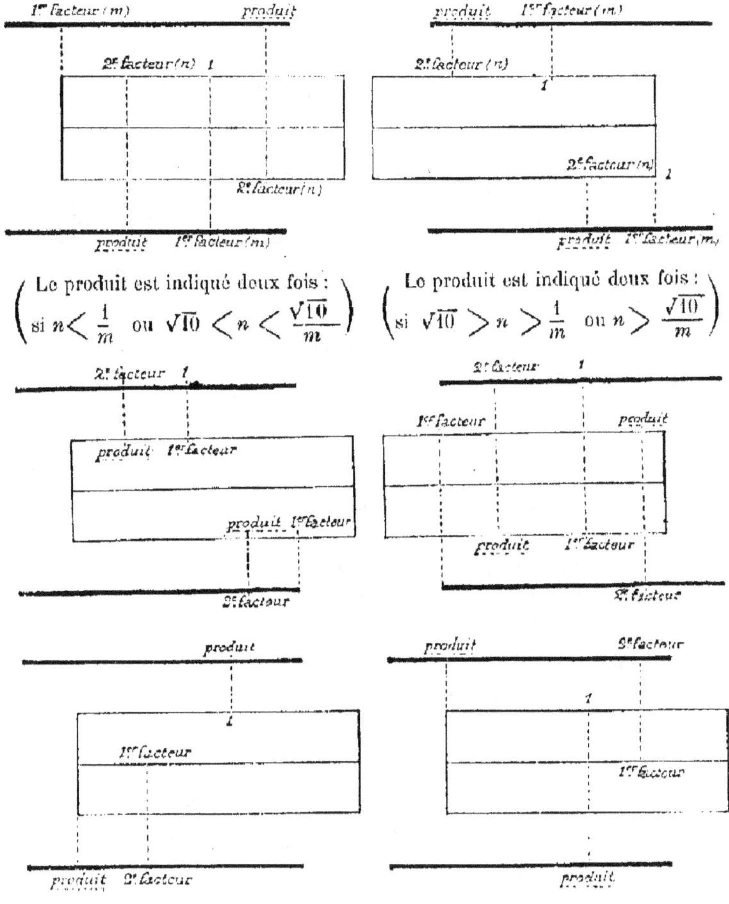

$$\left(\begin{array}{l}\text{Le produit est indiqué deux fois :}\\ \text{si } n < \dfrac{1}{m} \text{ ou } \sqrt{10} < n < \dfrac{\sqrt{10}}{m}\end{array}\right)$$

$$\left(\begin{array}{l}\text{Le produit est indiqué deux fois :}\\ \text{si } \sqrt{10} > n > \dfrac{1}{m} \text{ ou } n > \dfrac{\sqrt{10}}{m}\end{array}\right)$$

Division.

La division est l'opération inverse de la multiplication. En remplaçant le mot « produit » par « dividende », le premier facteur devenant le diviseur et le second le quotient, ou bien le premier étant le quotient et le second le diviseur, les figures qui se rapportent à la multiplication conviendront à la division.

Le quotient et le diviseur peuvent s'intervertir; absolument comme dans la multiplication, on peut changer l'ordre des facteurs.

Nous allons distinguer trois cas :

1°. On doit effectuer une série de divisions avec le même diviseur. — On fera correspondre ce diviseur lu sur la règle (ou sur la réglette) avec l'un des indicateurs de la réglette (ou de la règle); le quotient lu sur la réglette (ou sur la règle) sera en regard du dividende lu sur la règle (ou sur la réglette).

2°. Si l'on a une série de divisions à effectuer avec le même dividende, on emploiera l'inverse du second procédé de la multiplication, c'est-à-dire que l'on fera correspondre le dividende lu sur la règle avec l'un des indicateurs de la réglette. Le quotient sera en regard du diviseur, l'un d'eux indifféremment étant lu sur l'échelle du milieu de la réglette et l'autre sur la même échelle de la règle que le dividende.

3°. Enfin, si le quotient doit être soumis à une opération ultérieure, multiplication, division, élévation au carré ou extraction de racine carrée, on le fait correspondre avec un indicateur en procédant comme suit. Le dividende lu sur la règle (ou sur la réglette) sera mis en regard du diviseur lu sur la réglette (ou sur la règle); le quotient sera sur la règle (ou sur la réglette) en regard d'un indicateur.

Dans tous les cas, des quatre quantités, indicateur, dividende, diviseur, quotient, il ne peut y en avoir qu'un nombre pair qui appartienne aux échelles supérieures; par conséquent, si une ou trois d'entre elles sont prises sur les échelles supérieures, le quotient devra être pris également sur une échelle supérieure. On le prendra au contraire sur les échelles inférieures, si aucune de ces quantités ou deux d'entre elles ont été lues sur les échelles supérieures.

Dans le premier cas, le diviseur sera placé dans l'une des positions principales ; dans le second, on fera choix, le plus ordinairement, de la position qui exige le moindre tirage et dans la troisième de la position principale ou de la complémentaire du rapport $\frac{\text{dividende}}{\text{diviseur}}$.

Remarques. 1° Le quotient de deux nombres entiers a autant de chiffres entiers que le dividende en a de plus que le diviseur ou un nombre égal à cette différence diminuée d'une unité ; en prélevant à partir des plus hautes unités une tranche d'un même nombre de chiffres au dividende et au diviseur, on reconnaîtra que l'on se trouve dans le premier cas si la valeur absolue de la tranche du dividende est supérieure à celle de la tranche du diviseur et dans le second si elle lui est inférieure. 2° Dans le cas de nombres décimaux, on donne au dividende et au diviseur le même nombre de décimales par addition de zéros à la droite de l'un d'eux et l'on supprime la virgule ; on est ramené ainsi à la division de nombres entiers. 3° Si la division n'est pas possible, le quotient est purement décimal, on ajoute alors à la droite du dividende un nombre suffisant de zéros pour pouvoir l'effectuer et le même nombre de zéros avant le premier chiffre significatif du quotient ; le premier zéro du quotient affectera les unités et précédera la virgule.

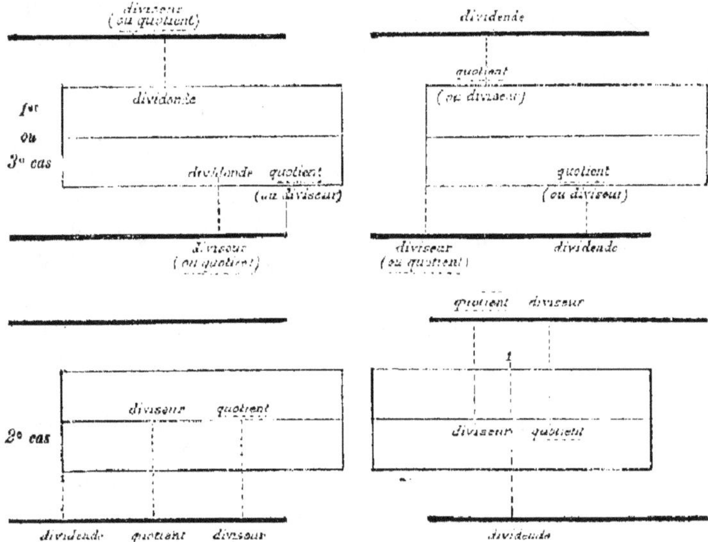

Élévation au carré.

C'est une multiplication dont les deux facteurs sont égaux. La règle donne aisément les trois premiers chiffres, la table placée au revers les trois derniers ; on peut donc obtenir les carrés exacts de tous les nombres de 1 à 1000.

Extraction d'une racine carrée.

La position de la virgule n'étant pas fixée, on trouve deux valeurs numériques distinctes pour la racine carrée. Nous appellerons *première racine* celle qui convient lorsque le carré a un nombre impair de chiffres entiers et *seconde racine* celle du carré ayant un nombre pair de chiffres entiers. Chacune de ces racines est égale à l'autre multipliée par $\sqrt{10} = 3.16$.

Trois procédés peuvent être employés :

1° Le nombre, dont il s'agit d'extraire la racine, lu sur la règle sera placé, relativement à la réglette, en coïncidence avec l'un des indicateurs extrêmes, dans l'une de ses deux positions principales ; les racines se trouveront sur la même échelle de la règle que le nombre soumis à l'opération ; *elles seront en coïncidence avec leurs valeurs, prises sur l'échelle du milieu.*

Si le nombre est lu sur l'échelle inférieure, la seconde racine s'obtiendra par un tirage à droite et la première par un tirage à gauche. Si le nombre est lu sur l'échelle supérieure, on les obtiendra toutes deux ensemble ; avec un tirage à droite, la première est au delà de l'indicateur du milieu de la règle et la seconde, entre cet indicateur et le nombre proposé ; avec un tirage à gauche, les positions sont inverses. Chaque racine correspond à sa conjuguée sur l'échelle opposée.

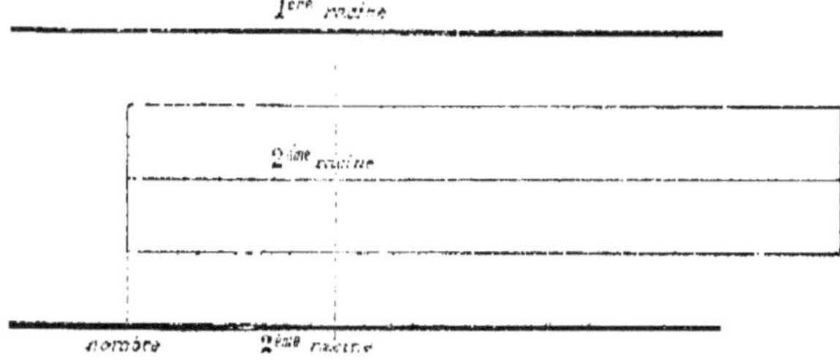

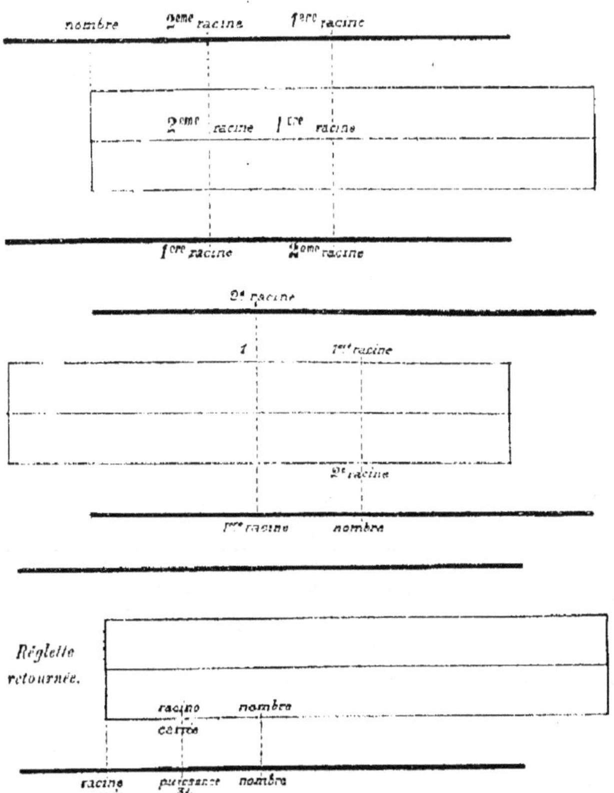

2°. Si la racine doit être soumise à une opération ultérieure, on procède comme suit. On déplace la réglette jusqu'à ce que le même nombre, qui sur son échelle inférieure ou supérieure se trouve en regard du carré lu sur la règle, corresponde sur la règle avec un indicateur de la réglette, les échelles supérieures ne figurant, comme toujours, qu'un nombre pair de fois. Les deux racines se trouvent en même temps et se distinguent aisément.

Emploi de la réglette retournée. — On mettra en regard la quantité dont il s'agit d'extraire la racine, lue sur une échelle de la règle avec elle-même lue sur une des échelles des carrés de la réglette retournée. La racine sera en regard d'un indicateur de la réglette.

Si l'on affecte les premières racines, l'échelle supérieure de la règle, la seconde échelle des carrés de la réglette de l'indice 1, nous aurons, en faisant la somme des indices relatifs à un calcul donné, la parité de l'indicateur de la réglette en regard duquel se trouve la racine considérée. Les secondes racines, l'échelle inférieure de la règle et la première échelle des carrés ont respectivement l'indice zéro.

On opère simplement en faisant un usage exclusif de l'échelle inférieure de la règle et de la première échelle de la réglette retournée. La réglette sera tirée à droite ; la première racine correspondra au premier indicateur de la réglette et la seconde au deuxième. Le curseur ne sera pas nécessaire.

Remarque. Le nombre des chiffres entiers de la racine carrée est égal au nombre des tranches de deux chiffres qu'on peut trouver dans la quantité soumise à l'opération, en commençant par les unités.

Résolution de l'équation $x^2 + px + q = o$.

Cette équation résout le problème de la recherche de deux nombres dont on donne le produit q et la somme ou la différence p. Si q est positif, p représente une somme ; si q est négatif, une différence.

Pour que cette équation ait ses racines réelles, il faut et il suffit que $p > 2\sqrt{q}$. Ayant mis q lu sur l'échelle du milieu de la réglette en regard de l'indicateur du milieu de la règle, on déplace le curseur à partir de $\sqrt{q}$ jusqu'à ce que la somme de deux nombres en regard de l'échelle supérieure de la règle et de l'échelle du milieu de la réglette soit égal à p, si $q > o$. Les deux nombres correspondants sont les racines cherchées.

Si $q < o$, on déplace le curseur de la même manière jusqu'à ce que la différence de deux nombres en regard soit égale à p. Ces deux nombres sont les racines.

Il est évident que q étant déterminé numériquement, il n'y a aucune ambiguité sur le point de départ.

Élévation au cube.

On met en regard le nombre à élever au cube lu sur l'échelle du milieu de la réglette avec le même nombre lu sur l'échelle inférieure ou supérieure de la règle (celle qui nécessite le moindre déplacement de la réglette). Le cube se trouve sur la règle et correspond au nombre lu sur l'échelle supérieure ou inférieure de la réglette.

Si le nombre a été lu sur deux échelles inférieures ou sur deux échelles supérieures, le cube se trouve sur une échelle inférieure. Il est, au contraire, sur une échelle supérieure, si le nombre a été lu sur l'une et sur l'autre graduation.

Emploi de la réglette retournée. — Pour faire le cube d'un nombre, on met ce nombre lu sur la première échelle de la réglette retournée en correspondance avec le premier indicateur de la règle; le cube se lira sur la réglette en regard du nombre pris sur la règle. Le choix des échelles est indifférent.

Remarques. Un nombre de l'échelle du milieu peut être mis de deux manières en correspondance avec un nombre de la règle, le tirage variant d'une demi-échelle. Lorsque les deux nombres sont égaux, aucune des deux positions n'est « *défective* » dans l'intervalle (178-564) et elles peuvent s'employer indifféremment. La position « *complémentaire* » devient « *défective* » en dehors de cet intervalle.

Le cube est indiqué deux fois en position « *principale* »; le tirage pour cette position se fait à droite avant 215 ($\sqrt[3]{10^7} = 215$) et à gauche après ce nombre.

Extraction d'une racine cubique.

On sait que pour extraire une racine cubique, on partage le nombre en tranches de trois chiffres à partir des unités, de manière que la première tranche peut n'avoir qu'un ou deux chiffres. Le premier chiffre de la racine est la racine du plus grand cube contenu dans la première tranche; il en résulte que, si la première tranche n'a qu'un chiffre, le premier chiffre de la racine est 1 ou 2;

si la première tranche a deux chiffres, le premier de la racine est 2, 3 ou 4; enfin, si la première tranche a trois chiffres, le premier de la racine peut être l'un des suivants, 4, 5, 6, 7, 8 ou 9. Le nombre des chiffres entiers de la racine est égal au nombre des tranches.

Pour effectuer ce calcul, on fait l'inverse de la précédente opération, en cherchant à mettre à la fois en regard un même nombre sur l'échelle du milieu de la réglette et sur la règle d'une part, puis encore ce nombre pris sur l'une des échelles inférieure ou supérieure de la réglette avec le cube lu sur la règle, d'autre part.

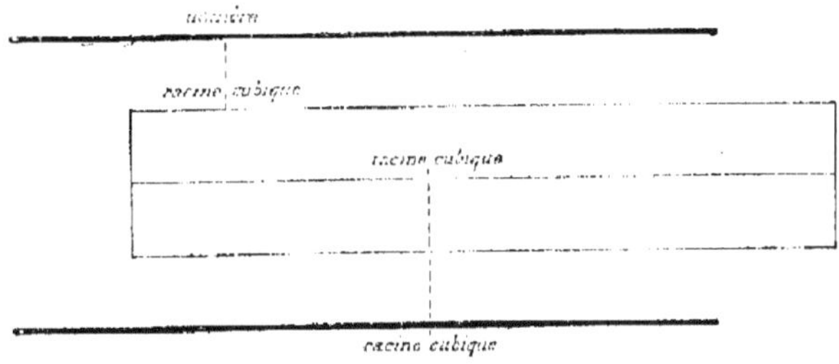

Emploi de la réglette retournée. — 1° On cherche à faire correspondre le cube lu sur la réglette retournée avec le même nombre qui correspond à un indicateur de la règle. Ce nombre est l'une des racines cubiques. Il faut observer que la correspondance peut se produire de trois manières; un nombre où la place de la virgule n'est pas déterminée a trois racines cubiques telles que chacune d'elles peut se déduire de l'une des autres par la multiplication avec le facteur 2,15 et de l'autre avec le facteur $2,15^2$ ou 4,64 et la règle peut les donner toutes trois. On pourra la préciser comme on a vu ci-dessus, en connaissant le nombre des chiffres entiers du nombre proposé.

2° On peut encore opérer avec la réglette retournée et renversée. Le cube lu sur la réglette est mis en regard d'un indicateur de la règle; les valeurs des trois racines se correspondent à elles-mêmes sur la règle et sur la réglette.

En adoptant par exemple l'indicateur du milieu qui a l'avantage d'exiger un moindre tirage, les première et troisième racines (première tranche ayant un ou trois chiffres) seront en correspondance sur l'échelle supérieure de la règle et sur l'échelle de la réglette où se lit le cube et la seconde (première tranche ayant deux chiffres) sur la même échelle de la règle mais sur l'autre de la réglette. Si l'on fait les lectures sur l'échelle inférieure de la règle, il faut changer l'échelle de la réglette pour retrouver la correspondance.

Élévation à une puissance quelconque.

On peut élever un nombre à une puissance quelconque par un seul déplacement de la réglette.

On met en regard le nombre pris sur l'échelle du milieu de la réglette avec le même nombre pris sur l'échelle inférieure (ou supérieure) de la règle. Le carré se lira sur l'échelle inférieure (ou supérieure) de la règle et correspondra au premier indicateur de la réglette.

Le carré étant lu sur l'échelle inférieure, le cube sera sur l'échelle inférieure (ou supérieure) de la règle en regard du nombre lu sur l'échelle inférieure (ou supérieure) de la réglette. La quatrième puissance sur l'échelle inférieure (ou supérieure) de la règle en regard du carré lu sur l'échelle inférieure (ou supérieure) de la réglette.

De même, la cinquième puissance sur la règle en regard du cube lu sur l'échelle semblable de la réglette, la sixième sur la règle en regard de la quatrième sur la réglette, etc....

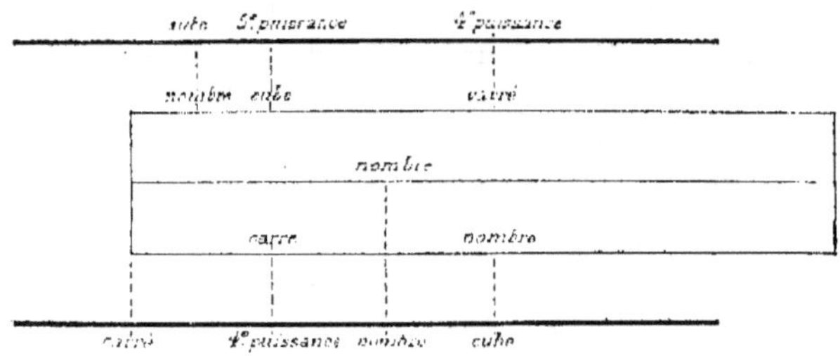

Les conclusions seraient opposées si le carré avait été obtenu d'abord sur l'échelle supérieure, c'est-à-dire que les puissances seraient en regard sur des échelles dissemblables.

En résumé on opère absolument comme pour l'élévation au cube, en choisissant de préférence, la position « principale », (voir plus haut : *De la correspondance de deux nombres. B*) et exclusivement cette position « principale » si le nombre est en dehors de l'intervalle (178-564) (bien entendu, il ne s'agit ici que de la valeur absolue des trois premiers chiffres). Le tirage se fait à droite avant 215 et à gauche après ce nombre.

Tout résultat d'opération qu'on peut obtenir en correspondance avec un indicateur, produit (pr. 2), quotient (pr. 3), racine carrée (pr. 2) peut être élevé à une puissance quelconque entière sans nouveau déplacement de la réglette. On opère comme ci-dessus, mais en passant par toutes les puissances intermédiaires au lieu d'aller de deux en deux.

Une puissance négative a^{-n} d'un nombre a est égale à la puissance positive de même ordre de son inverse soit $\left(\dfrac{1}{a}\right)^{n}$. On détermine l'inverse $\dfrac{1}{a}$ d'un nombre a au moyen des échelles inférieure et du milieu de la réglette où les inverses se correspondent et on calcule les puissances de $\dfrac{1}{a}$ comme précédemment ; elles seront d'ordre négatif par rapport à a.

Extraction d'une racine quatrième.

On cherche d'abord à mettre la racine carrée en regard d'un indicateur de la réglette en déplaçant celle-ci jusqu'à ce que le même chiffre qui, sur son échelle inférieure ou supérieure, se trouve en regard du nombre proposé lu sur la règle, corresponde à un indicateur de la réglette.

Sans déplacer la réglette, on cherchera les nombres de l'échelle du milieu qui se trouvent en regard de leur propre valeur lue sur la règle. Ces nombres seront les racines quatrièmes du nombre proposé.

Cette méthode revient à appliquer successivement, dans une même position de la réglette, les procédés (2) et (1) pour l'extraction d'une racine carrée. On peut donc trouver quatre racines qui se correspondent deux à deux sur la règle et telles que chacune d'elles peut se déduire de l'une des autres par la multiplication avec l'un des facteurs 177 — 316 — 562. En divisant le nombre en tranches de quatre chiffres à partir des unités, on fera choix aisément de la racine convenable, selon que la première tranche aura 1, 2, 3 ou 4 chiffres.

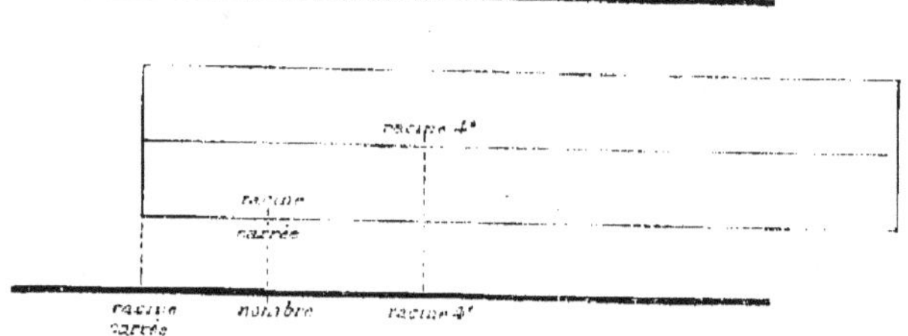

Produit d'un carré par un facteur.

On effectue le carré d'un nombre au moyen de l'échelle du milieu de la réglette en faisant correspondre le nombre lu sur cette échelle avec lui-même sur la règle. Le carré se trouve sur la même échelle de la règle, en regard d'un indicateur de la réglette. Le facteur qui multiplie le carré sera pris sur la réglette et le produit lui correspondra sur la règle.

Si le carré et le facteur sont sur des échelles semblables (supérieures ou inférieures), le produit se lira sur l'échelle inférieure.

Si, au contraire, le carré et le facteur sont sur des échelles différentes, le produit se lira sur l'échelle supérieure.

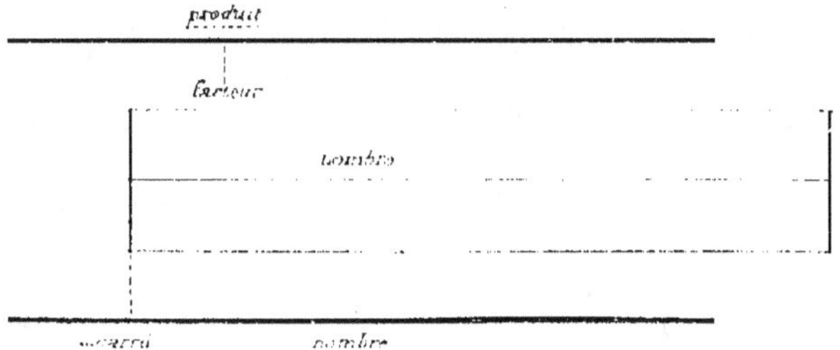

Quotient d'un carré par un diviseur.

Le carré s'obtient comme précédemment.

Le quotient sera en regard du diviseur ; l'un d'eux indiffé-

remment étant lu sur l'échelle du milieu de la réglette et l'autre
sur la même échelle de la règle que le carré.

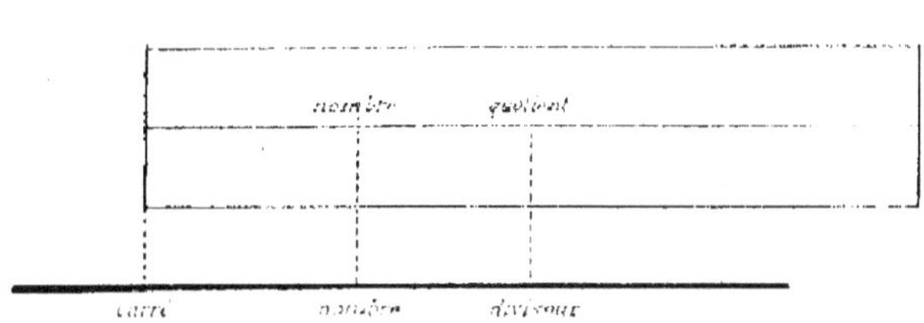

Produit d'une racine carrée par un facteur. Puissance 3/2.

On extrait la racine carrée (proc. 2) du nombre proposé, de
manière qu'elle soit en regard d'un indicateur.

Le facteur qui multiplie la racine sera pris sur la réglette et le
produit lui correspondra sur la règle.

Si la racine et le facteur sont sur des échelles semblables, le
produit se lira sur l'échelle inférieure. Dans le cas contraire, il sera
pris sur l'échelle supérieure.

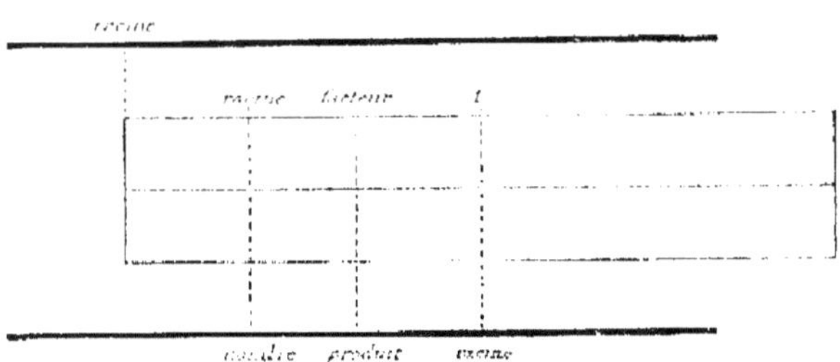

Emploi de la réglette retournée. — On met le premier indicateur
de la réglette retournée, en regard du facteur lu sur la règle.

La quantité qui doit figurer par sa racine carrée, lue sur la première échelle de la réglette, se trouve en regard du produit lu sur
la règle.

Dans le cas particulier où le nombre doit être multiplié par sa
racine carrée, le résultat se désigne sous le nom de puissance 3/2.

Si la quantité qui figure par sa racine carrée, a un nombre impair de chiffres entiers, le résultat se lit sur la même échelle de la règle que le facteur.

Dans le cas contraire, si cette quantité a un nombre pair de chiffres entiers, ou est purement décimale (le nombre de chiffres entiers étant 0), le résultat et le facteur doivent se lire sur des échelles distinctes.

Ce serait l'inverse dans les deux cas, en lisant la quantité dont la racine entre dans le calcul, sur la seconde échelle de la réglette.

Quotient d'une racine carrée par un diviseur

On extrait la racine carrée comme précédemment (proc. 2).

Le quotient se trouve en regard du diviseur, l'un d'eux indifféremment étant lu sur l'échelle du milieu de la réglette et l'autre sur la même échelle de la règle que la racine.

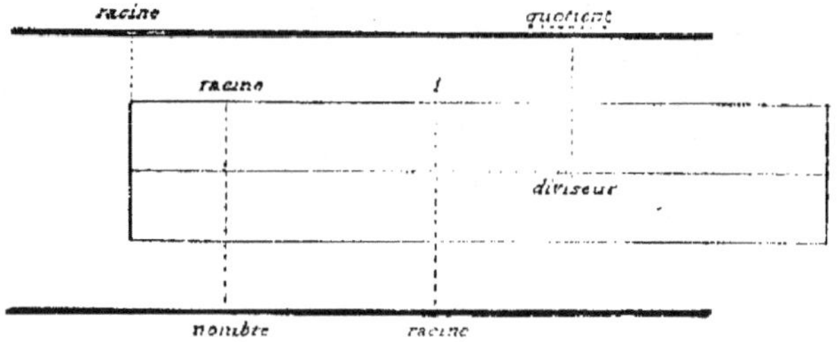

Carré, cube ou puissance quelconque d'un produit ou d'un quotient.

Le produit ou le quotient étant effectué de manière à correspondre avec un indicateur de la réglette, sans déplacer celle-ci, on en lira le carré sur la règle en regard de ce produit ou quotient lu maintenant sur la réglette et le cube en regard du carré également lu sur la réglette et ainsi de suite.

Extraction de la racine carrée d'un produit ou d'un quotient.

On effectue le produit ou le quotient de façon à faire correspondre le résultat avec un indicateur (voir plus haut). On extrait ensuite

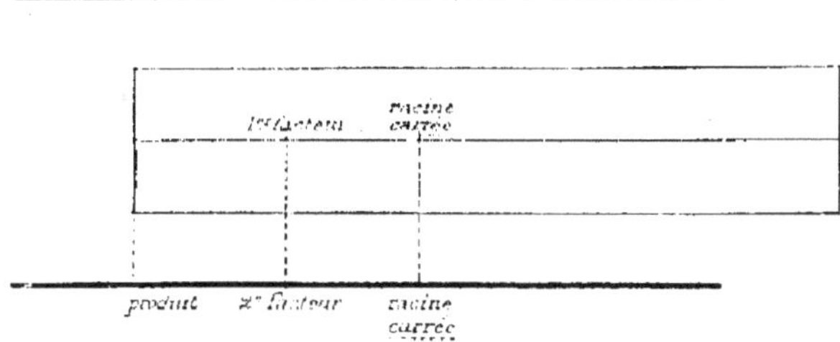

la racine carrée (proc. 1), sans avoir besoin de déplacer la réglette.

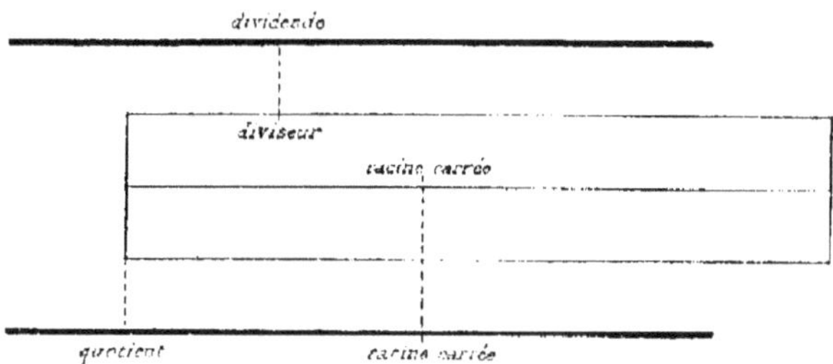

Produit de trois facteurs.

On fait correspondre l'un des facteurs pris sur l'échelle du milieu de la réglette avec un second facteur lu sur la règle.

Dans cette position, le produit sera sur la règle et correspondra au troisième facteur pris sur l'une des échelles supérieure ou inférieure de la réglette.

Si les deuxième et troisième facteurs ont été lus sur des échelles semblables (toutes deux supérieures ou toutes deux inférieures) le produit sera sur l'échelle inférieure.

Il sera, au contraire, sur l'échelle supérieure, si les deuxième et troisième facteurs appartiennent à des échelles dissemblables.

On emploie indifféremment la position principale ou la complémentaire, toutefois celle-ci peut ne pas convenir lorsqu'elle est défective.

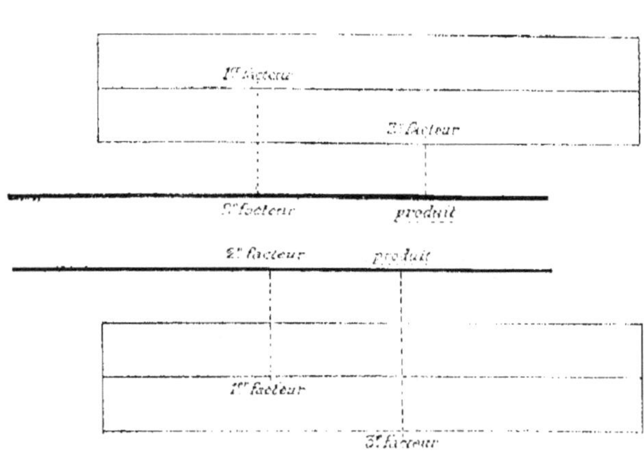

Quotient d'un nombre par le produit de deux autres.

Comme précédemment, on effectue le produit de deux facteurs (proc. 2) en faisant correspondre l'un de ces facteurs pris sur l'échelle du milieu de la réglette avec l'autre facteur lu sur la règle.

On fera ensuite la division d'après le premier procédé, c'est-à-dire que le quotient sera sur la réglette en regard du nombre à diviser pris sur la règle.

Si le nombre à diviser et l'un des facteurs appartiennent à des échelles semblables, le quotient sera sur l'échelle inférieure de la réglette.

Si, au contraire, le nombre à diviser et l'un des facteurs n'appartiennent pas à des échelles semblables, le quotient sera sur l'échelle supérieure de la réglette.

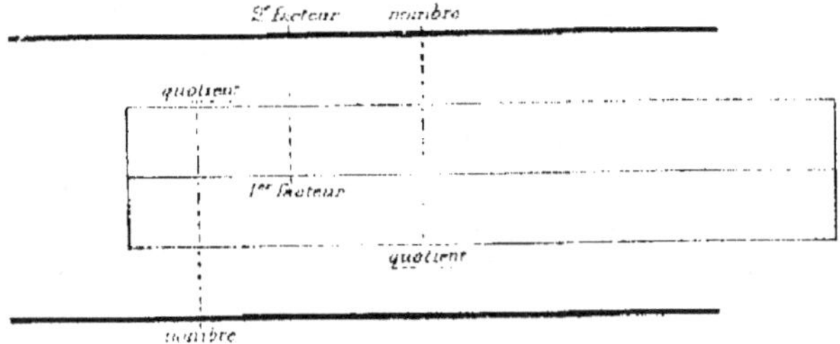

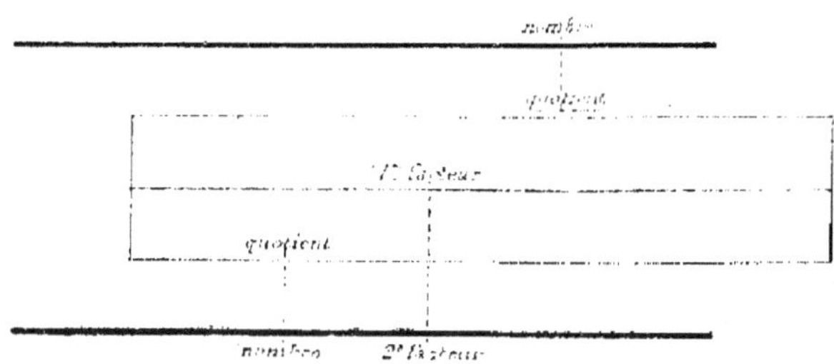

Produit d'un facteur par le rapport de deux carrés.

Les nombres à élever au carré (B′ ou A et B) seront lus sur la règle, tous deux sur la même échelle ou l'un sur l'échelle supérieure et l'autre sur l'échelle inférieure, indifféremment.

Le facteur (d) correspondra sur la réglette retournée à la racine du dénominateur B lue sur la règle.

Le produit x sera sur la réglette retournée en correspondance avec la racine du numérateur (A ou B′) lue sur la règle.

Le quotient d'un cube par un carré n'est qu'un cas particulier de ce problème $d = A$ ou $d = B′$.

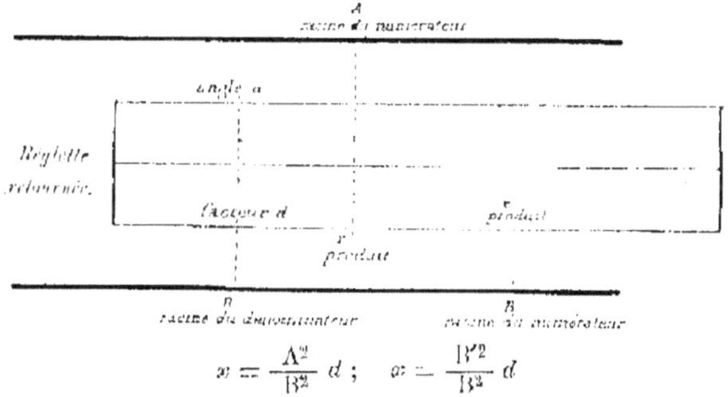

$$x = \frac{A^2}{B^2}\, d \; ; \quad x = \frac{B'^2}{B^2}\, d$$

d est indifféremment un facteur numérique ou le carré d'un sinus ou d'une tangente.

Calcul du poids des pièces. — Le calcul du poids d'un parallélépipède, d'une sphère ou d'un cylindre d'une substance quelconque se ramène au produit d'un facteur par le rapport de deux carrés et n'exige qu'un seul déplacement de la réglette. Cette méthode, plus avantageuse à divers égards que celle employée précédemment pour le même calcul permet d'apprécier immédiatement la variation due à l'élément le plus important ; ainsi dans une position donnée de la réglette, *on pourra lire, en même temps, les poids pour différents diamètres d'un cylindre d'une substance quelconque.* (Voir probl. 13, 14 et 15.)

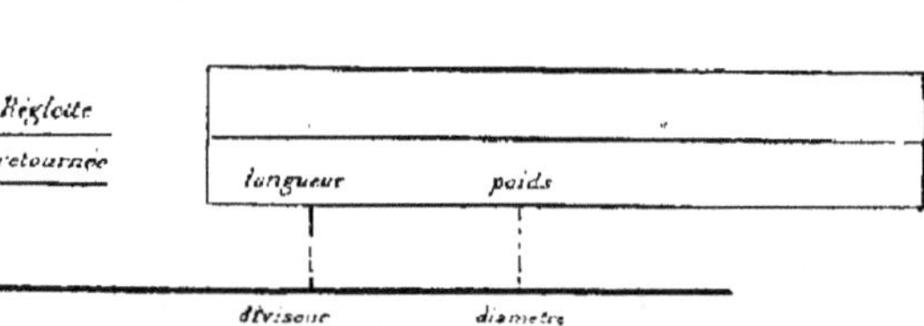

Produit d'un facteur par le rapport de deux racines.

En faisant usage exclusivement de la première échelle inférieure du revers de la réglette, on fera correspondre le carré du dénominateur lu sur cette échelle avec le facteur lu sur la règle. Le carré du numérateur lu également sur la première échelle inférieure de la réglette, correspondra avec le produit lu sur la règle.

Si les nombres dont il faut extraire la racine, ont tous deux un nombre pair ou tous deux un nombre impair de chiffres entiers, le facteur et le produit se liront sur la même échelle de la règle.

Si, au contraire, l'une des quantités dont il faut extraire la racine a un nombre pair de chiffres et l'autre un nombre impair, on devra prendre le facteur et le produit, l'un quelconque sur l'échelle supérieure et l'autre sur l'échelle inférieure de la règle.

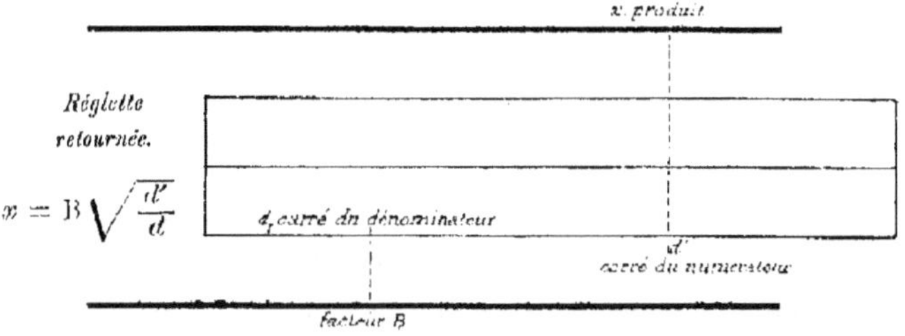

Ces conclusions seraient inverses en faisant usage pour les carrés des deux échelles de la réglette.

Le quotient d'une puissance 3/2 par une racine carrée est un cas particulier du problème qui se présente lorsque le facteur est égal à la racine du numérateur.

Recherche de la puissance 3/2, connaissant le carré
(*réglette retournée*).

On met le carré, lu sur la première échelle de la réglette retournée, en correspondance avec lui-même pris sur la règle. La puissance 3/2 correspondra sur la règle au même nombre de la première échelle de la réglette qui se trouve sur la règle en regard du premier indicateur de la réglette.

Si le carré proposé et sa racine ont tous deux un nombre pair ou tous deux un nombre impair de chiffres entiers, la puissance 3/2 se lira sur l'échelle de la règle dont on a fait usage.

Au contraire, si le carré et sa racine ont un nombre de chiffres différents de parité, la puissance 3/2 se lira sur l'autre échelle de la règle.

Les conclusions seraient opposées en se servant du second indicateur ou en lisant le résultat en correspondance avec la seconde échelle de la réglette.

Recherche de la puissance 3/4 d'un nombre
ou racine quatrième d'un cube (*réglette retournée*).

L'opération $x = a^{3/4} = \sqrt[4]{a^3}$ est identique à la précédente en remplaçant le carré par le nombre lui-même. (Voir fig. 3 p. 16).

Opération $n \sqrt{n \sqrt{n \sqrt{n\ldots}}}$ **ou puissances** $\dfrac{2^{p+1}-1}{2^p}$

Cette opération peut se faire par un seul mouvement de la réglette retournée.

Le premier indicateur de la réglette étant en regard du nombre sur la règle, la puissance 3/2 se trouve aussi sur la règle en regard du nombre lu sur la réglette; la puissance 7/4 sur la règle en regard de la puissance 3/2 sur la réglette ; la puissance 15/8 sur la règle en regard de la puissance 7/4 sur la réglette et ainsi de suite. On change d'échelle de la règle lorsque la puissance précédente a un nombre pair de chiffres.

Opération $\sqrt{n} \sqrt{n} \sqrt{n} \sqrt{n \ldots}$ ou puissances $\dfrac{2^p - 1}{2^p}$

Cette opération se fait comme la précédente ; le nombre sur la réglette est mis en regard de sa valeur sur la règle ; la racine carrée ou puissance 1/2 est en regard de l'indicateur de la réglette; la puissance 3/4 sur la règle en regard de la racine carrée sur la réglette ; la puissance 7/8 sur la règle en regard de la puissance 3/4 sur la réglette et ainsi de suite. On change d'échelle de la règle chaque fois que la puissance précédente a un nombre pair de chiffres.

Puissances $2^p - 1$

L'élévation aux puissances $2^p - 1$ se fait par un seul mouvement de la réglette retournée. Le nombre lu sur la réglette étant mis en correspondance avec un indicateur de la règle, la puissance $2^2 - 1 = 3$ ou le cube se trouve sur la réglette correspondant au nombre lu sur la règle. La puissance $2^3 - 1 = 7$ correspond sur la réglette au cube sur la règle; la puissance $2^4 - 1 = 15$ sur la réglette à la 7e puissance sur la règle et ainsi de suite.

Le choix des échelles est arbitraire.

Puissances $1 - 2^p$

On met en correspondance le nombre sur la règle et sur la réglette retournée. La puissance -1 ou inverse $\dfrac{1}{a}$ du nombre a se trouve sur la réglette en regard d'un indicateur de la règle. La puissance négative $1 - 2^2 = -3$, ou inverse du cube $a^{-3} = \dfrac{1}{a^3}$ est sur la réglette en regard de l'inverse $\dfrac{1}{a}$ sur la règle; la puissance $1 - 2^3 = -7$, sur la réglette en regard de la puissance

—3 sur la règle et ainsi de suite. Comme précédemment, les échelles sont choisies arbitrairement.

Résolution de l'équation $x^3 + px^2 + q = 0$

L'équation du troisième degré $ax^3 + bx^2 + cx + d = 0$ peut être débarrassée du terme du premier degré en posant $x = y + h$, la valeur de h étant déterminée par la relation $3\,ah^2 + 2\,bh + c = 0$. En mettant les signes en évidence, elle affectera alors l'une des formes $y^3 \pm py^2 \pm q = 0$. Pour obtenir les racines négatives, s'il y a lieu, nous prendrons les transformées en $-y$; de sorte, qu'en définitive, les formes à considérer, en se bornant aux racines réelles, seront au nombre de trois :

$$z^2 (z + m) = n \; ; \; z^2 (z - m) = n \; ; \; z^2 (m - z) = n$$

On mettra n lu sur la réglette retournée et renversée en regard d'un indicateur de la règle ; la racine de l'équation à résoudre sera sur la règle en regard du nombre de la réglette qui le surpasse de m dans le premier cas, qui lui est inférieur de m dans le second ou qui forme avec lui une somme m dans le troisième. Les deux premiers cas comportent une seule solution, le troisième deux solutions ou aucune.

$$\textbf{Opérations} : \frac{m\,n}{p^2} \; ; \; \frac{m\,n^2}{p} \; ; \; \frac{m\sqrt{n}}{p} \; ; \; \frac{\sqrt{mn}}{p} \; ; \; \frac{m\,n}{\sqrt{p}} \; ; \; \sqrt{\frac{m\,n}{p}}$$

Ces six opérations nécessitent deux déplacements de la réglette ; mais, en fait, on peut très souvent les effectuer au moyen d'un seul, étant donné que parmi les trois quantités m, n et p se trouve généralement une constante qu'on pourra mettre, une fois pour toutes, sous forme de carré ou de racine de manière à avoir le rapport de deux carrés ou de deux racines et ramener la résolution à un problème précédent.

Quotient de produits de plusieurs facteurs.

Les opérations complexes,

$$\frac{m \times a \times b \times c \times d..}{A \times B \times C \times D..} \; , \qquad \frac{\sqrt{mn} \times a \times b \times c \times d..}{A \times B \times C \times D...}$$

$$\frac{\sqrt{\frac{m}{n}} \times a \times b \times c \times d\ldots}{A \times B \times C \times D\ldots}$$

sont décomposables en opérations simples, résolubles par la règle seule, et telles que le résultat de la première entre comme terme dans la seconde, le résultat de la seconde comme terme dans la troisième et ainsi de suite. L'emploi du curseur supprime la lecture des résultats intermédiaires et permet d'opérer plus rapidement et plus exactement. Il est nécessaire pour l'utiliser que le résultat de chaque opération partielle *figure sur la règle et non sur la réglette*, ce qui est toujours possible, si l'on en excepte l'opération du quotient d'un nombre par le produit de deux autres. Il suffit que la condition soit réalisée dans la première opération, pour l'être forcément dans les suivantes.

Le trait du curseur étant mis en coïncidence avec m, ou bien avec le résultat de $\sqrt{mn}$ ou de $\sqrt{\frac{m}{n}}$ lu sur la règle, on déplace la réglette pour mettre en regard de ce trait un facteur du dénominateur ; le curseur, à son tour, vient en regard d'un facteur du numérateur pris sur la réglette.

La réglette est à nouveau déplacée de manière qu'un second facteur du dénominateur coïncide avec le curseur. Puis, celui-ci se met alors devant un second facteur du numérateur pris sur la réglette.

En procédant toujours de la même manière, on déplace successivement la réglette et le curseur jusqu'à épuisement des facteurs, le résultat correspond sur la règle, à la dernière position du curseur.

S'il reste des facteurs au numérateur seulement, on continue par l'opération du produit des trois facteurs, répétée autant qu'il est nécessaire. On éliminera ainsi, à chaque opération partielle, deux nouveaux facteurs qui seront lus : l'un, sur l'échelle du milieu, l'autre, sur l'une des échelles inférieure ou supérieure de la réglette. Il sera encore utile de faire usage du curseur. (voir la fig. du probl. 60).

Mais, si le nombre des facteurs est plus considérable au dénominateur, il faut terminer par des opérations du quotient d'un nombre par le produit de deux autres et reporter, sur la règle, les résultats obtenus sur la réglette. Le curseur n'a plus, dans ce cas, le même avantage.

Opérations avec la réglette seule.

Tout calcul comprenant une série de multiplications et de divisions peut s'effectuer avec une simple réglette glissant dans une règle qui ne porte d'autre division que les traits des indicateurs. Il suffit, avant l'opération, de repérer au moyen du curseur sur la règle mise en exacte correspondance avec la réglette la place que le premier facteur devrait occuper. Le curseur servira aussi à fixer les résultats intermédiaires qu'on a pas besoin de lire. Le calcul achevé, les indicateurs de la réglette seront remis en coïncidence avec ceux de la règle de façon à permettre la lecture du résultat définitif. Cette méthode qui paraît assez simple comme n'exigeant qu'une seule échelle est plus longue à cause des deux positions initiale et finale de la réglette et ne présente aucun avantage.

Toutefois, en utilisant dans la lecture finale les échelles de la règle, elle permettrait de résoudre assez simplement avec la réglette retournée le calcul $\sqrt{\dfrac{a \times b \times c \times d}{A \times B \times C \times D}}$. Sauf le repérage préalable de a sur la règle, l'opération $\sqrt{\dfrac{a \times b}{A}}$ ne nécessite ainsi qu'un seul déplacement de la réglette retournée.

Curseur divisé.

Pour certaines applications, où l'on a fréquemment à augmenter ou à diminuer un résultat de quelques unités pour cent de sa valeur, on a construit un curseur spécial gradué de 900 à 1100, permettant de résoudre immédiatement les opérations $a\,b\,c\,d$, $\dfrac{abc}{d}$, $\dfrac{ab}{cd}$, $\dfrac{d}{abc}$ lorsque $900 < a < 1100$.

Lignes trigonométriques.

Le revers de la réglette porte les échelles des sinus, des tangentes, et des carrés. Il a été établi deux modèles de règles ; l'un avec l'ancienne division sexagésimale de la circonférence en 360 degrés de 60 minutes, la minute valant 60 secondes ; l'autre avec la division centésimale en 400 grades de 100 minutes, la minute valant 100 secondes.

Le quart de circonférence ou quadrant vaut 90° (division sexagésimale) ou 100° (division centésimale). L'angle complémentaire d'un angle donné a vaut $x = 90° - a$ ou $x = 100° - a$; il s'obtient, en division centésimale, en prenant le complément à 9 de tous les chiffres de l'angle donné et le complément à 10 du dernier. L'angle supplémentaire est $180° - a$ ou $200° - a$. La somme des trois angles d'un triangle vaut 2 angles droits, soit 180° ou 200°.

SINUS ET TANGENTE. — L'échelle supérieure de la réglette retournée mise en regard des échelles de la règle donne les arcs variant de 5°44′ à 90° ou de 6° 377 à 100° dont les sinus naturels sont les nombres correspondants de l'échelle inférieure de la règle.

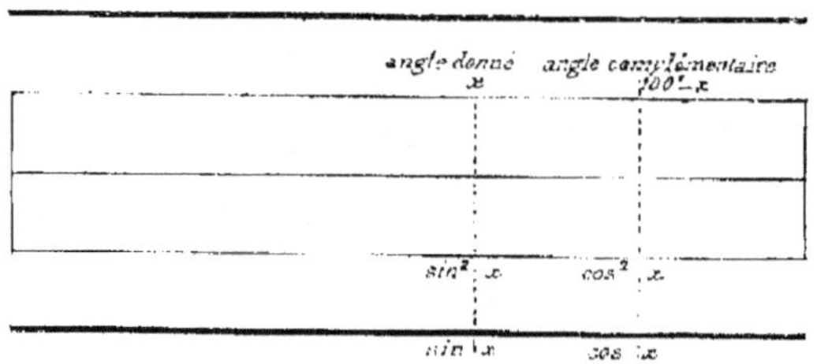

Dans les mêmes conditions, la seconde échelle du revers donne les arcs variant de 5°43′ à 45° ou de 6° 345 à 50° dont les tangentes sont les nombres correspondants de la même échelle inférieure.

Les valeurs de $\sin^2$ ou de tg^2 figurent sur l'échelle inférieure de la réglette en correspondance avec les arcs.

La relation $\mathrm{tg}\, a = \mathrm{cotg}\left(\dfrac{\pi}{2} - a\right)$ permet de déterminer la tangente d'un angle compris entre $\dfrac{\pi}{4}$ et $\dfrac{\pi}{2}$.

On peut encore obtenir les tangentes au moyen de l'échelle des sinus en amenant le complément de l'angle proposé lu sur cette échelle en regard d'un des indicateurs extrêmes de la règle. La tangente se trouve sur l'échelle inférieure de la règle en regard de l'angle proposé. En faisant usage de l'indicateur du milieu, on lirait la tangente sur l'échelle supérieure.

Les sinus et tangentes des angles ou arcs inférieurs à ceux de la graduation s'obtiennent au moyen de diviseurs spéciaux, avec la réglette dans sa position normale.

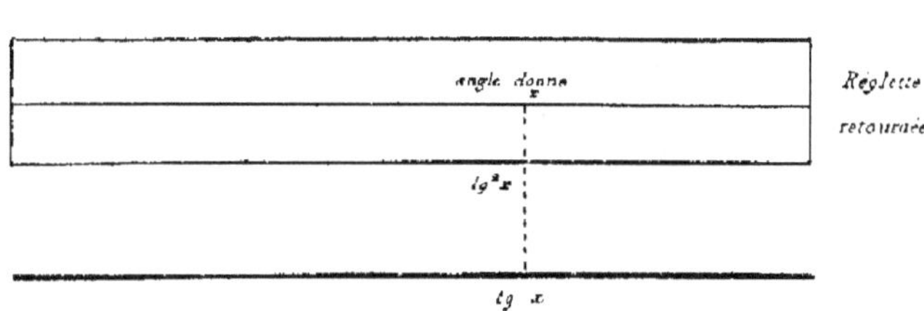

On a en effet pour la longueur d'un arc de n^0 ou N'' ou de n^c.

$$a = \frac{2\pi}{360} \times n^0 = 0{,}01746\, n^0 = \frac{n^0}{57{,}3} = \frac{N''}{206300}$$

$$a = \frac{2\pi}{400} \times n^c = 0{,}01571\, n^c = \frac{n^c}{63{,}66}$$

Or, l'on sait que pour des angles très petits, on peut confondre le sinus ou la tangente avec l'arc $\left(x - \sin x < \frac{x^3}{6} \right.$ et $\left. \mathrm{tg}\, x - x < \frac{\mathrm{tg}^3 x}{3} \right)$. On obtiendra, en conséquence, les sinus ou tangentes des arcs inférieurs à ceux inscrits sur les échelles en plaçant l'angle évalué en secondes sexagésimales en regard du diviseur 2063 ou l'angle évalué en grades en regard du diviseur 6366. Il faut remarquer toutefois que pour les tangentes, le troisième chiffre n'est plus exact à partir de 3^c 60.

Les sinus ou tangentes se lisent ainsi en regard d'un indicateur, ce qui permet sans déplacement nouveau de trouver immédiatement les résultats des opérations :

$$m \sin a, \quad \frac{m}{\sin a}, \quad \frac{\sin a}{m}, \quad m\, \mathrm{tg}\, a, \quad \frac{m}{\mathrm{tg}\, a}, \quad \frac{\mathrm{tg}\, a}{m}.$$

Si le diviseur a été pris sur la règle, on peut obtenir de plus $\sqrt{\sin a}$, $\sqrt{\mathrm{tg}\, a}$; s'il a été pris sur la réglette, $\dfrac{1}{m \sin a}$, $\dfrac{1}{m\, \mathrm{tg}\, a}$, (Le produit étant lu sur l'échelle inférieure de la réglette, son inverse lui correspond sur l'échelle du milieu.

Cosinus. — Le cosinus d'un angle a ou d'un arc est le sinus du complément. Dans la position de coïncidence des échelles de la règle et de la réglette, on trouvera le cosinus sur l'échelle inférieure de la règle en regard de l'angle complémentaire lu sur l'échelle des sinus.

Cotangente. La cotangente est la tangente du complément; elle peut être recherchée au moyen de l'échelle des sinus de la même manière que la tangente. L'angle proposé étant en regard d'un indicateur de la règle, la cotangente sera sur la règle et correspondra au complément lu sur la réglette.

En faisant usage de l'indicateur du milieu, elle se lira sur l'échelle supérieure; au contraire, sur l'échelle inférieure, avec l'un des indicateurs extrêmes.

Il est plus simple de se servir de l'échelle des tangentes; on amènera l'angle proposé lu sur cette échelle en regard d'un indicateur quelconque. La cotangente correspondra sur l'échelle inférieure de la règle à un indicateur de même parité de la réglette et sur l'échelle supérieure à un indicateur de parité différente.

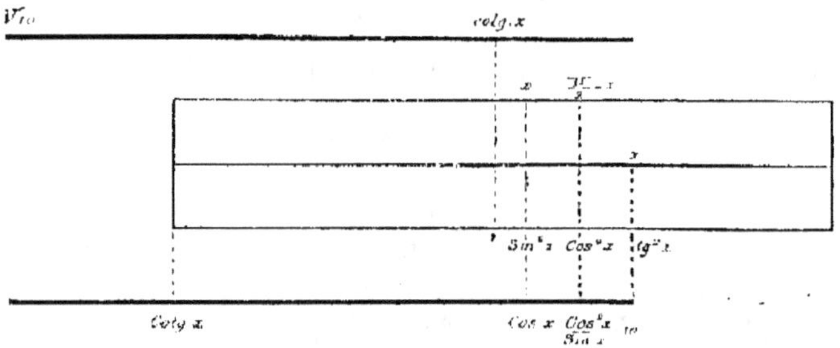

Pour rechercher l'angle correspondant à une tangente ou à une cotangente donnée on fera usage de l'échelle des tangentes. On peut aussi employer celle des sinus en amenant le curseur en regard de la valeur donnée prise sur la règle (par exemple sur l'échelle inférieure) et en déplaçant la réglette jusqu'à ce que l'angle lu au curseur soit le complément de celui qui est en regard d'un indicateur extrême.

Si on donne une tangente, l'angle se lit au curseur; dans le cas d'une cotangente, il se lit en regard de l'indicateur.

Sécante et cosécante. — Ces lignes se déterminent, au moyen de l'échelle des sinus ; le nombre de l'échelle inférieure de la règle qui correspond avec un indicateur extrême de la réglette est la cosécante de l'angle qui se trouve en regard d'un indicateur extrême de la règle ; il est aussi la sécante de son complément.

Le même nombre se trouve sur l'échelle supérieure en regard de l'indicateur du milieu de la réglette.

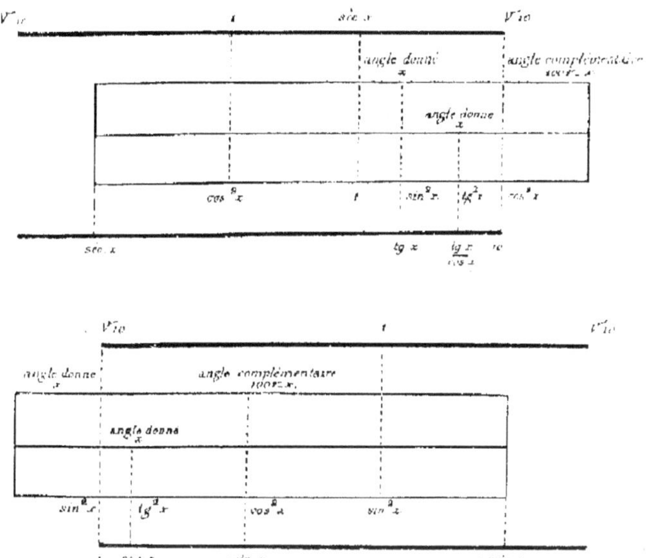

Si on amène un angle en regard de l'indicateur du milieu de la règle, sa cosécante sera sur l'échelle inférieure, en regard de l'indicateur du milieu de la réglette, ou, sur l'échelle supérieure, en regard d'un indicateur extrême. En amenant le complément devant l'indicateur, on aurait de même la sécante du proposé.

Multiplication. — Pour effectuer le produit d'un sinus par un facteur, on met un indicateur de la réglette retournée en regard de ce facteur lu sur une échelle quelconque de la règle ; le produit correspond, sur la même échelle de la règle, à l'angle lu sur la réglette.

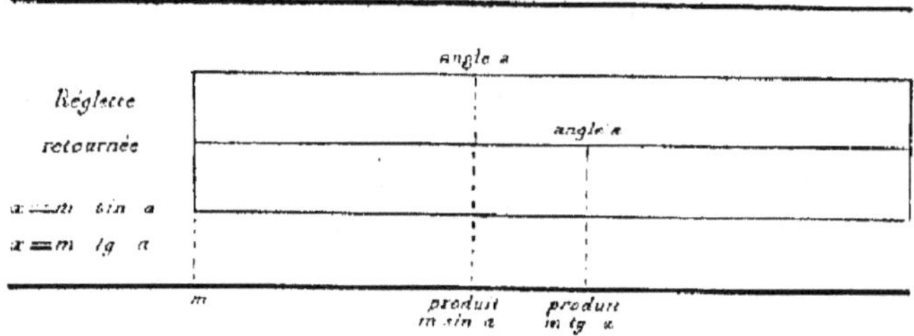

Division. — Pour diviser un nombre par un sinus ou par une tangente, on fait correspondre l'angle au dividende lu sur la règle ; le quotient se lit sur la même échelle de la règle, en regard d'un indicateur.

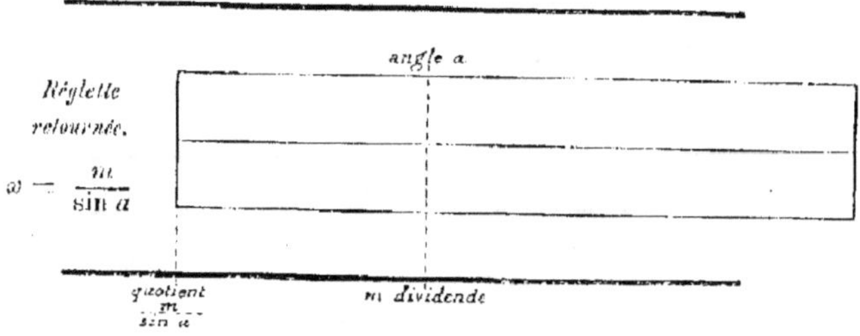

Proportion. — Le quatrième terme d'une proportion qui renferme le rapport de deux sinus ou de deux tangentes se trouve de même par un seul mouvement de la réglette retournée. On effectue d'abord la division, puis, sans déplacer la réglette, la multiplication comme il a été indiqué. On ne peut employer qu'une seule échelle de la règle, la supérieure ou l'inférieure à volonté.

Résolution des triangles. — Par un seul mouvement de la réglette retournée, on pourra trouver le quatrième terme d'une des proportions : $\dfrac{a}{\sin A} = \dfrac{b}{\sin B} = \dfrac{c}{\sin C}$, si l'on connaît les trois autres. Aux angles A, B, C, pris sur la réglette retournée, correspondront, respectivement et en même temps, les côtés a, b, c, tous trois sur la même échelle de la règle, l'échelle supérieure ou l'échelle inférieure.

Puissances des sinus et des tangentes. — On peut obtenir le produit d'un facteur par une puissance quelconque d'un sinus ou d'une tangente au moyen d'un seul déplacement de la réglette dans sa position normale. On amène l'angle lu sur l'échelle des sinus ou sur celle des tangentes en regard d'un trait de l'une des entailles ou fenêtres du revers de l'instrument, en choisissant de préférence la position de moindre tirage.

Dans ces conditions, le sinus (ou la tangente) est sur la réglette en regard d'un indicateur de la règle ; la cosécante inverse du sinus (ou la cotangente) sur la règle en regard d'un indicateur de la réglette. On prendra les échelles inférieures avec un indicateur extrême ou les échelles supérieures avec un indicateur du milieu.

Les produits $l \sin a$ ou $l \operatorname{tg} a$ se liront sur la réglette en regard de l lu sur la règle ; $\dfrac{l}{\sin a}$, $\dfrac{l}{\operatorname{tg} a}$ sur la règle en regard de l sur la réglette. De même $l \sin^2 a$ ou $l \operatorname{tg}^2 a$ se liront sur la réglette en regard de $l \sin a$ ou $l \operatorname{tg} a$ sur la règle et $\dfrac{l}{\sin^2 a}$ ou $\dfrac{l}{\operatorname{tg}^2 a}$ sur la règle en regard de $\dfrac{l}{\sin a}$ ou $\dfrac{l}{\operatorname{tg} a}$ sur la réglette, etc.

On peut déterminer ainsi, quel que soit m, sans déplacer la réglette $l \sin^m a$, $l \operatorname{tg}^m a$, $\dfrac{l}{\sin^m a}$, $\dfrac{l}{\operatorname{tg}^m a}$ et au moyen de l'échelle du milieu $\dfrac{l}{\sin^m a}$, $\dfrac{l}{\operatorname{tg}^m a}$. Les échelles employées dans chaque opération partielle sont indifférentes, mais elles doivent être de même espèce.

Sans déplacer à nouveau la réglette, on calcule aussi immédiatement $\sqrt{\dfrac{1}{\sin a}} = \left(\sin a\right)^{-\frac{1}{2}}$ ou $\sqrt{\dfrac{1}{\operatorname{tg} a}} = \left(\operatorname{tg} a\right)^{-\frac{1}{2}}$ et par suite en égalant à l l'une de ces valeurs, $\sin^{m-\frac{1}{2}} \alpha$, $\mathrm{tg}^{m-\frac{1}{2}} \alpha$, $\dfrac{1}{\sin^{m+\frac{1}{2}} \alpha}$, $\dfrac{1}{\mathrm{tg}^{m+\frac{1}{2}} \alpha}$.

Remarques. — On calcule de même les puissances successives des cosinus au moyen des angles complémentaires.

Pour les angles compris entre $\dfrac{\pi}{4}$ et $\dfrac{\pi}{2}$, en amenant le complément en regard du trait, on lira la tangente sur la règle et la cotangente sur la réglette et ainsi les puissances $l\,\mathrm{tg}^m \alpha$ seront lues sur la règle et $\dfrac{l}{\mathrm{tg}^m \alpha}$ sur la réglette.

Opérations diverses. — Le produit du carré d'un sinus ou d'une tangente par le rapport de deux carrés s'effectue exactement comme le produit d'un facteur par le rapport de deux carrés :
$$x = \frac{A^2}{B^2} \sin^2 \alpha \quad \text{ou} \quad x = \frac{A^2}{B^2} \mathrm{tg}^2 \alpha.$$

On calculerait de même : $\mathrm{tg}\, \alpha$ ou $\sin \alpha = \dfrac{A'}{A} \sqrt{\overline{d}}$, en remarquant qu'on peut prendre indifféremment $\mathrm{tg}\, \alpha$ ou $\sin \alpha = \dfrac{A'}{A} (\sqrt{\overline{d}})_2 = \dfrac{B'}{B} (\sqrt{\overline{d}})_2 = \dfrac{A'}{B} (\sqrt{\overline{d}})_1 = \dfrac{B'}{A} (\sqrt{\overline{d}})_1$; et aussi, $A = \dfrac{A' \sqrt{\overline{d}}}{\sin \alpha}$ et $A' = \dfrac{A \sin \alpha}{\sqrt{\overline{d}}}$ en faisant les mêmes remarques, c'est-à-dire qu'en prenant $(\sqrt{\overline{d}})_2$, A et A' peuvent être remplacés, ensemble et respectivement, par B et B' ; tandis qu'en faisant choix de $(\sqrt{\overline{d}})_1$ il faut prendre A et B' ou bien A' et B.

Ces conclusions supposent que $\mathrm{tg}\, \alpha$ ou $\sin \alpha$ correspondent à l'échelle de d ; elles seraient inverses dans le cas contraire.

Nous rappelerons que $(\sqrt{\overline{d}})_1$ indique que d a un nombre impair de chiffres entiers et $(\sqrt{\overline{d}})_2$ qu'il en a un nombre pair ; A et A' appartiennent à l'échelle supérieure de la règle, B et B' à l'échelle inférieure.

Règle trigonométrique spéciale. — Pour les calculs astronomiques et de navigation, il a été établi un modèle de règle portant sur la règle proprement dite, en plus des autres échelles, celle des arcs en division centésimale ou sexagésimale dont les sinus sont les nombres correspondants de l'échelle inférieure ; le revers de la réglette possède la même division centésimale ou sexagésimale et la division horaire équivalente (de 25' à 6 heures) de la circonférence.

Par un seul déplacement de la réglette retournée, on résout ainsi directement, quelle que soit l'inconnue, les expressions dans lesquelles x (règle) ou $\sin x$ est égal à l'une quelconque des valeurs suivantes: $\sin A \sin B$, $\dfrac{\sin A}{\sin B}$, $\dfrac{\sin A}{\sin B} \sin C$, et $x = m \dfrac{\sin {}^2A}{\sin {}^2B}$ (x et m étant lus sur la réglette).

Cette règle permet aussi le calcul direct des relations fondamentales (1) (2) (3) (4) (5) pages 4 et 6 et dans lesquelles une ou deux des lettres A et B sont remplacées par des sinus.

Calcul trigonométrique de quelques expressions. — On abrège notablement le calcul de certaines expressions en les identifiant à des formes trigonométriques.

Les indicateurs de la réglette retournée étant exactement en regard de ceux de la règle, on voit que dans les expressions suivantes, il suffira de poser $m = \sin a$, $n = \sin b$ (m et n sont inférieurs à 1), ce qui détermine a et b, pour avoir immédiatement la solution et, sans déplacer la réglette, si elle est donnée par un sinus ou par un cosinus.

$$x = \sqrt{1 - m^2} \qquad\qquad \text{solution} \quad x = \cos a$$

$$x = \frac{1}{\sqrt{1 - m^2}} \qquad\qquad\qquad \text{»} \quad x = \sec a$$

$$x = \frac{m}{\sqrt{1 - m^2}} \qquad\qquad\qquad \text{»} \quad x = \operatorname{tg} a$$

$$x = \frac{\sqrt{1 - m^2}}{m} \qquad\qquad\qquad \text{»} \quad x = \operatorname{cotg} a$$

$$x = \frac{m}{1 - m^2} \qquad\qquad\qquad x = \frac{\operatorname{tg} a}{\cos a}$$

$$x = m \sqrt{1 - n^2} + n \sqrt{1 - m^2} \qquad \text{»} \quad x = \sin (a + b)$$

$$x = m \sqrt{1 - n^2} - n \sqrt{1 - m^2} \qquad \text{»} \quad x = \sin (a - b)$$

$$x = \sqrt{1 - m^2} \sqrt{1 - n^2} + m\,n \qquad \text{»} \quad x = \cos (a - b)$$

$$x = \sqrt{1 - m^2} \sqrt{1 - n^2} - m\,n \qquad \text{»} \quad x = \cos (a + b)$$

$$x = 2 m \sqrt{1 - m^2} \qquad\qquad\qquad \text{»} \quad x = \sin 2 a$$

$$x = 1 - 2 m^2 \qquad\qquad\qquad\qquad \text{»} \quad x = \cos 2 a$$

$$x = 3 m - 4 m^3 \qquad\qquad\qquad\qquad \text{»} \quad x = \sin 3 a$$

$$x = \frac{1}{2}\left(\pm \sqrt{1+m} \pm \sqrt{1-m}\right) \quad \textit{solution} \quad x = \sin \frac{a}{2}$$

$$x = \frac{1}{2}\left(\pm \sqrt{1+m} \mp \sqrt{1-m}\right) \quad \text{»} \quad x = \cos \frac{a}{2}$$

et en posant $m = \cos a$

$$x = \pm \sqrt{\frac{1-m}{2}} \quad \textit{solution} \quad x = \sin \frac{a}{2}$$

$$x = \pm \sqrt{\frac{1+m}{2}} \quad \text{»} \quad x = \cos \frac{a}{2}$$

$$x = \pm \sqrt{\frac{1-m}{1+m}} \quad \text{»} \quad x = \lg \frac{a}{2}$$

$$x = 4 m^3 - 3 m \quad \text{»} \quad x = \cos 3 a$$

Pour $m = \cos^2 a$

$$x = \sqrt{\frac{1-m}{m}} \quad \text{»} \quad x = \lg a$$

$$x = \frac{\sqrt{1-m}}{m} \quad \text{»} \quad x = \frac{\lg a}{\cos a}$$

$$x = \frac{1}{\sqrt{m}} \quad \text{»} \quad x = \sec a$$

D'autres expressions se calculent au moyen d'une tangente. Dans les suivantes, nous poserons $m = \lg a$, $n = \lg b$ (m et n sont quelconques).

$$
\begin{array}{ll}
x = \dfrac{1}{\sqrt{1+m^2}}; \quad x = \cos a & x = \dfrac{1-m^2}{1+m^2}; \quad x = \cos 2 a \\[2ex]
x = \sqrt{1+m^2}; \quad x = \sec a & x = \dfrac{1+m^2}{1-m^2}; \quad x = \sec 2 a \\[2ex]
x = \dfrac{m}{\sqrt{1+m^2}}; \quad x = \sin a & x = \dfrac{3 m - m^3}{1 - 3 m^2}; \quad x = \lg 3 a \\[2ex]
x = \dfrac{\sqrt{1+m^2}}{m}; \quad x = \operatorname{coséc} a & x = \dfrac{-1 \pm \sqrt{1+m^2}}{m}; \quad x = \lg \dfrac{a}{2} \\[2ex]
x = m\sqrt{1+m^2}; \quad x = \dfrac{\lg a}{\cos a} & x = \dfrac{1-m}{1+m}; \quad x = \lg(50^\circ - a) \\[2ex]
x = \dfrac{2 m}{1-m^2}; \quad x = \lg 2 a & x = \dfrac{m+n}{1-m n}; \quad x = \lg(a+b) \\[2ex]
x = \dfrac{2 m}{1+m^2}; \quad x = \sin 2 a & x = \dfrac{m-n}{1+m n}; \quad x = \lg(a-b)
\end{array}
$$

Solution — Solution

Résolution trigonométrique de l'équation du second degré — $x^2 + px + q = o$. — La formule de résolution est

$$x = -\frac{p}{2} \pm \sqrt{\frac{p^2}{4} - q}.$$

1° Racines réelles. $q > o$. — On pose $\sin^2 \varphi = \dfrac{q}{\left(\dfrac{p}{2}\right)^2}$; q sur la

réglette retournée correspondant à $\dfrac{p}{2}$ sur la règle, φ sera en regard d'un indicateur extrême de la règle. q ayant un nombre pair de chiffres entiers et pris sur la première échelle de la réglette correspondra à $\dfrac{p}{2}$ sur l'échelle supérieure de la règle; si on le prend sur la seconde échelle de la réglette, il correspondra à $\dfrac{p}{2}$ sur l'échelle inférieure de la règle.

C'est l'inverse, lorsque q a un nombre impair de chiffres entiers.

En regard de $\dfrac{\varphi}{2}$ sur la réglette, on lit $\sin^2 \dfrac{\varphi}{2}$; on a, d'autre part, $\cos^2 \dfrac{\varphi}{2} = 1 - \sin^2 \dfrac{\varphi}{2}$. On retourne la réglette dans sa position normale et on effectue les multiplications qui donnent x' et x''.

$$x' = -p \cos^2 \frac{\varphi}{2} \; ; \; x'' = -p \sin^2 \frac{\varphi}{2}.$$

2° $q < o$; on pose $\dfrac{2\sqrt{q}}{p} = \operatorname{tg} \varphi$ et on obtient x' et x'' par les

formules $x' = \sqrt{q} \operatorname{tg} \dfrac{\varphi}{2} \; ; \; x'' = -\sqrt{q} \operatorname{cotg} \dfrac{\varphi}{2}$.

3° Si les racines sont imaginaires, le calcul trigonométrique n'offre pas d'avantages.

Résolution trigonométrique de l'équation du troisième degré. — L'équation du troisième degré peut toujours se ramener à la forme $x^3 - px + q = o$; nous n'examinerons que le cas des trois racines réelles $\left(\dfrac{p^3}{27} < \dfrac{q^2}{4}\right)$; p sera positif et q quelconque.

On peut déterminer les trois racines simultanément par quatre déplacements de la réglette retournée.

On pose $\sin^2\varphi = 1 - p\dfrac{\overline{2{,}598^2}}{p^2} - \dfrac{q^2}{p^2}$. On calcule d'abord

$z = p\left(\dfrac{2{,}598}{p}\right)^2$ par un seul mouvement de la réglette retournée ;

un second déplacement de la réglette donne $\cos^2\varphi = z - \dfrac{q^2}{p^2}$, d'où l'on déduit $\sin^2\varphi$ et l'angle φ.

Les racines sont données par les trois relations :

$$x' = -2\sqrt{\dfrac{p}{3}}\sin\left(100^g - \dfrac{\varphi}{3}\right) ; \quad x'' = 2\sqrt{\dfrac{p}{3}}\sin\left(33^g 33' - \dfrac{\varphi}{3}\right) ;$$

$$x''' = 2\sqrt{\dfrac{p}{3}}\sin\left(33^g 33' + \dfrac{\varphi}{3}\right).$$

Ayant calculé $2\sqrt{\dfrac{p}{3}}$ par un mouvement de la réglette retournée, on peut généralement, par un quatrième et dernier déplacement, obtenir les trois racines à la fois.

Dans le cas d'une seule racine réelle, on pourra la déterminer par la formule $x = \sqrt[3]{-\dfrac{q}{2} + \sqrt{R}} + \sqrt[3]{-\dfrac{q}{2} - \sqrt{R}}$ ou

$$R = \dfrac{q^2}{4} + \dfrac{p^3}{27}.$$

Construction des courbes. — 1° *Ellipse* (rapportée à ses axes). — Les coordonnées satisfont aux relations $x = a\sin\varphi$, $y = b\sin(100^g-\varphi)$. Les valeurs correspondantes de φ et de x d'une part, de φ et de y d'autre part se trouvent respectivement en une position spéciale de la réglette retournée dont un indicateur est mis en coïncidence avec a pour le calcul de x, avec b pour celui de y (voir précédemment la multiplication d'un nombre par un sinus).

Si l'ellipse se réduit à un cercle ($b = a$), une seule position de la réglette suffit pour l'ordonnée et l'abscisse de tous les points.

2° *Hyperbole* (rapportée à ses asymptotes). L'équation est de la forme : $xy = a$; on opère avec la réglette dans sa position normale ; on place un indicateur de la réglette en regard du produit constant a lu sur une échelle de la règle et on trouve les deux coordonnées x et y l'une sur cette échelle et l'autre correspondante sur l'échelle du milieu de la réglette.

3° *Parabole*. — On retourne la réglette. Son premier indicateur étant en regard de $\sqrt{2p}$ lu sur la règle, x et y se correspondent, l'abscisse x sur la réglette, l'ordonnée y sur la même échelle de la règle que $\sqrt{2p}$.

4° *Courbe hyperbolique*: $x y^2 = a$. — La réglette est retournée et renversée. Dans cette position, le produit d'un nombre de la réglette et du carré du nombre en regard d'une même échelle de la règle est constant; de même, le produit de la racine carrée d'un nombre quelconque de la réglette et du nombre correspondant d'une même échelle de la règle.

Logarithmes.

Les parties décimales des logarithmes se déterminent au moyen d'une échelle comprenant des divisions également espacées et placée sur la tranche non biseautée; la correspondance avec les nombres de l'échelle inférieure de la règle est fixée au moyen du curseur. Il est aisé, d'après cela, de trouver le logarithme d'un nombre, ou, inversement le nombre correspondant à un logarithme donné, en se rappelant que la partie entière, ou caractéristique (non inscrite), du logarithme est égale à autant d'unités positives que le nombre possède de chiffres entiers, moins 1. Si le nombre est inférieur à 1, sa caractéristique est égale à autant d'unités négatives qu'il y a de zéros avant son premier chiffre significatif.

Entre autres applications, les logarithmes permettent d'obtenir rapidement les puissances et les racines d'un degré quelconque.

Le logarithme d'une puissance d'un nombre est égal au logarithme du nombre multiplié par l'exposant de la puissance.

Le logarithme d'une racine d'un nombre est égal au logarithme du nombre divisé par l'indice de la racine.

II. — EXEMPLES DIVERS DE CALCULS RÉSOLUS AVEC LA RÈGLE

En général, un calcul peut s'effectuer de plusieurs manières avec la règle; on n'a indiqué qu'un procédé pour chaque exemple, afin de ne pas étendre trop cette notice. Il faut bien remarquer que, selon les chiffres proposés, il peut être avantageux, ou même nécessaire, d'opérer autrement.

En règle générale, dans le choix d'une échelle, on doit rechercher, et c'est toujours possible, à faire sortir la réglette de moins de la moitié de sa longueur, soit à droite, soit à gauche, afin que les opérations, qui comprennent un double calcul, puissent se résoudre, dans tous les cas, par un seul déplacement. Bien que cela paraisse assez indifférent au point de vue des opérations, il est souvent préférable, pour les calculs ultérieurs, de prendre les dénominateurs des rapports sur la réglette et par conséquent il est mieux d'adopter ordinairement ce mode opératoire dans la pratique.

Il est très utile, pour les problèmes qui se présentent le plus fréquemment, de résoudre d'avance les opérations indiquées sur les quantités constantes qui entrent dans les formules et de mettre le résultat sous forme d'un facteur ou d'un diviseur suivant les cas; ou si l'on opère avec la réglette retournée, d'un facteur ou d'un diviseur carré. On accroît ainsi considérablement la rapidité du calcul; les exemples ci-après, particulièrement pour la détermination du poids des pièces, feront voir l'usage de ces diviseurs; les principaux ont été inscrits sur la règle au-dessus de l'échelle logarithmique; le biseau 1 sert pour les diviseurs à lire sur l'échelle supérieure de la règle (traits non prolongés jusqu'au bas) et le biseau 2 pour les diviseurs à lire sur l'échelle inférieure (traits non prolongés jusqu'au haut. Les diviseurs pour le poids des cylindres sont désignés par la lettre c suivie de l'initiale du nom de la substance; pour le poids d'un parallélépipède de fer par pf; pour le volume d'un cylindre par vc; on y trouve encore les facteurs usuels π, $\dfrac{\pi}{2}$ et $\dfrac{1}{\pi}$. (*)

GÉOMÉTRIE.

1. — Trouver la longueur d'un arc de 18° dans une circonférence de 2,25 m de rayon.

Le problème se résout par la formule : $l = 0,01745 \times r \times n$; c'est-à-dire : $l = 0,01745 \times 2,25 \times 18°$; la longueur cherchée est le produit de trois facteurs 0,01745, le rayon 2,25 et le nombre de degrés 18°; la règle donne $l = 0,707$ m.

(*) Pour que la réglette puisse se déplacer aisément dans sa rainure, il faut éviter de laisser l'instrument à l'humidité. Au besoin, si le glissement devenait difficile, on pourrait lubrifier les bords avec un linge légèrement enduit d'un corps gras.

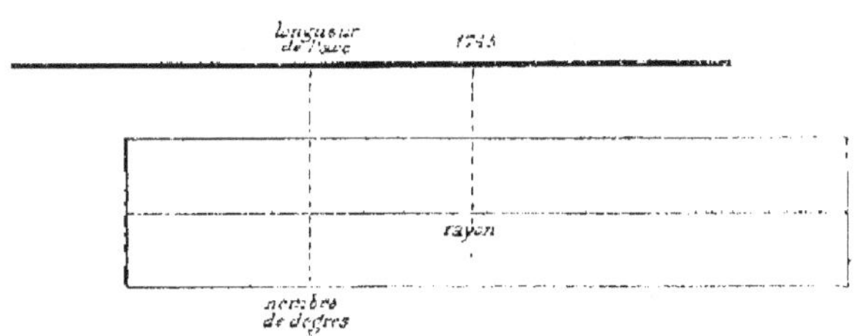

2. — Trouver l'aire d'une ellipse dont les demi-axes sont $a = 4,50$ m $b = 3,32$ m.

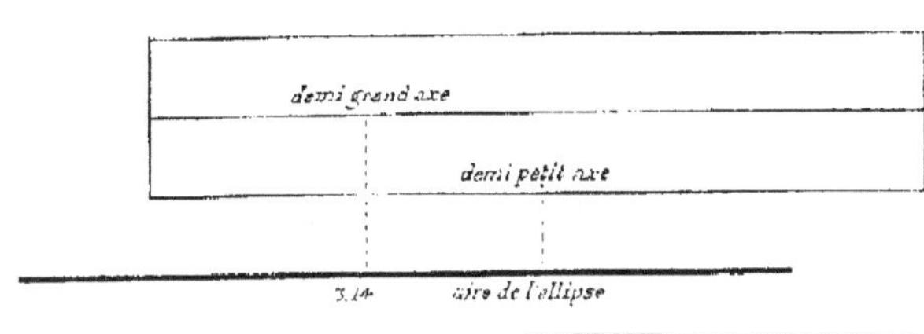

La surface limitée par la courbe est :

$$S = \pi\, ab, \text{ ou } S = 3,1416 \times 4,50 \times 3,32.$$

On trouve, avec la règle, $S = 46,9 \text{ m}^2$.

3. — Surface d'une zône (c'est la surface découpée sur une sphère par deux plans parallèles) de hauteur 0,64 m et de rayon $r = 1,83$ m.

$$S = 2\,\pi\,R\,h; \quad S = 6,2832 \times 1,83 \times 0,64 = 7,36 \text{ m}^2.$$

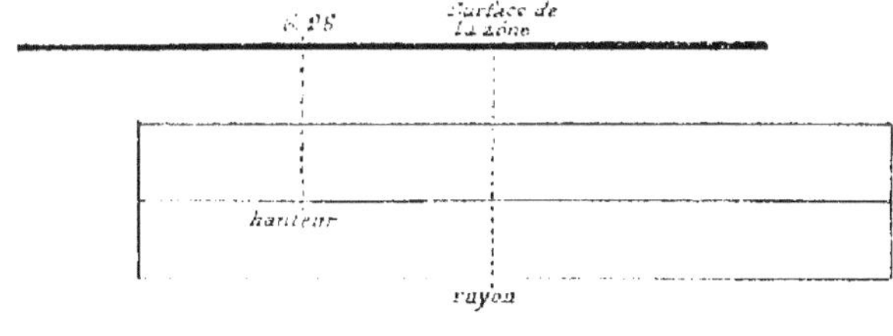

Surface d'un tore.

4. — Trouver la surface du tore engendré par un cercle, de rayon 0,17 m, tournant autour d'un axe situé, dans son plan, à une distance de 0,56 m de son centre.

$$S = 4\,\pi^2\, R\, d \quad \text{or } 4\,\pi^2 = 39,478; \quad S = 39,48 \times 0,17 \times 0,56$$
$$S = 3,76\ \text{m}^2.$$

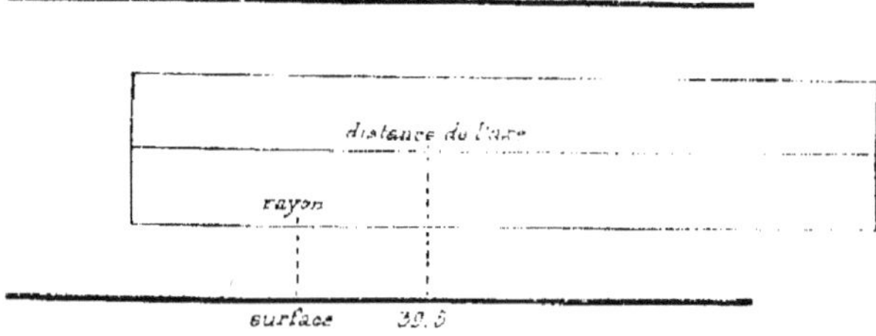

Surface engendrée par une ligne mobile.

5. — Trouver la surface engendrée par une ligne d'une longueur de 0,392 m, tournant autour d'un axe qui ne la rencontre pas, sachant que le centre de gravité de cette ligne est à 0,487 m de l'axe. (Th. de Guldin).

$$S = 2\pi\, l\, d; \quad S = 6,28 \times 0,392 \times 0,487 = 1,20\ \text{m}^2.$$

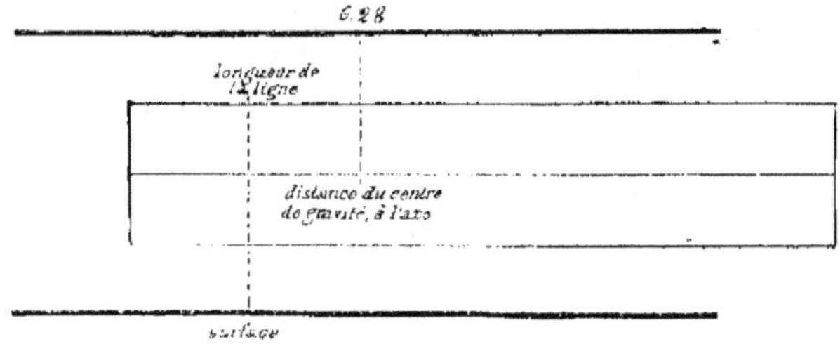

Quadrature et centre de gravité d'une surface limitée par une courbe.

6. — On désire évaluer l'aire S comprise entre une courbe, un axe de coordonnées et deux coordonnées quelconques, perpendiculaires à cet axe, distantes de L.

La formule de Tchébitcheff conduit rapidement au résultat. On mesure six ordonnées a, b, c, d, e, f, correspondant à six abscisses situées de part et d'autre du milieu de l'axe et distantes de ce milieu des longueurs : $\alpha = 0,4335$ L; $\beta = 0,214$ L; $\gamma = 0,433$ L.

On aura : $S = \dfrac{L}{6}\,(a + b + c + d + e + f)$

Les ordonnées a, b, c, sont à gauche du milieu; les ordonnées d, e, f, à droite. L'abscisse y du centre de gravité, mesurée vers la droite depuis l'ordonnée extrême, sera :

$$y = \frac{L}{2S}(0,134\,a + 0,578\,b + 0,733\,c + 1,267\,d + 1,422\,e + 1,866\,f).$$

L'évaluation de la surface avec la règle se fait par un seul déplacement de la réglette. Pour l'abscisse du centre de gravité, ayant calculé d'abord $\dfrac{L}{2S}$, il reste six multiplications de trois facteurs qui n'exigent chacune qu'un mouvement de la réglette.

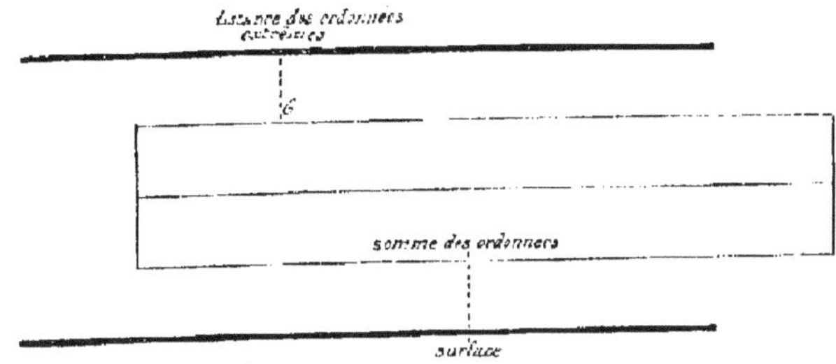

Ce problème se présente souvent dans la pratique, notamment lorsqu'on se propose d'évaluer le travail d'une machine à vapeur au moyen du diagramme fourni par l'indicateur de Watt, ou l'énergie électrique par un wattmètre enregistreur.

Volume d'un bloc de pierre.

7. — Calculer le volume d'un bloc de pierre dont les dimensions sont 1.36 — 0,92 et 0,57 m.

$$V = 1,36 \times 0,92 \times 0,57 = 0,713\,\mathrm{m}^3.$$

Cube d'un mur en maçonnerie.

8. — Quel est le cube d'un mur en maçonnerie ayant 4,25 m de haut, 7 m de long et 0,45 m d'épaisseur.

$$V = 4,25 \times 7 \times 0,45 = 13,39\,\mathrm{m}^3.$$

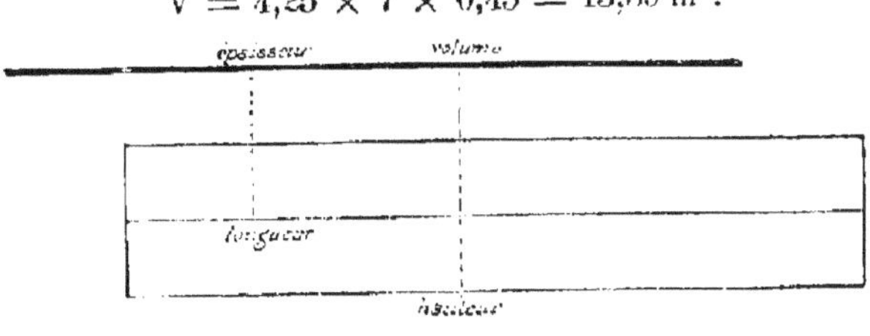

Volume d'un fût.

9. — Calculer le volume d'un fût dont le diamètre intérieur au bouge est de 0,62, le diamètre des fonds 0,36 et la longueur intérieure 0,97.

Nous emploierons la formule pratique $V = \left(\dfrac{2\,D + d}{3,39}\right)^2 l$ qui permet de faire le calcul par un seul déplacement de la réglette retournée.

$$V = \left(\frac{2 \times 6,2 + 3,6}{3,39}\right)^2 \times 9,7 = \left(\frac{16}{3,39}\right)^2 \times 9,7 = 216 \text{ litres}$$

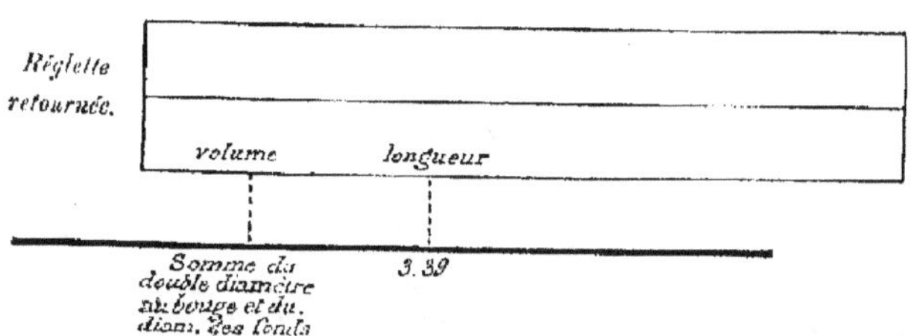

Les dimensions étant exprimées en décimètres, le volume l'est en litres.

Volume d'un tas de sable.

10. — On demande le cube d'un tas de sable ayant la forme d'un tronc de prisme à section trapèze. Les côtés à la base sont 0,88 m et 1,54 m, les côtés au sommet 0,42 m et 1,08 m, la hauteur 1,44 m.

Le problème se résout par la formule :

$$V = \frac{h}{6}\left[B\,(2\,A + a) + b\,(2\,a + A)\right]$$

$$V = \frac{1,44}{6}\left[1,54\,(2 \times 0,88 + 0,42) + 1,08\,(2 \times 0,42 + 0,88)\right]$$

$$V = 0,24\left[1,54 \times 2,18 + 1,08 \times 1,72\right]$$

On effectue les deux produits de trois facteurs par deux déplacements de la réglette

$$V = 0,805 + 0,446 = 1,250 \text{ m}^3.$$

Volume d'un tronc d'arbre.

11. — Trouver le volume, au cinquième déduit, d'un tronc d'arbre ayant 1,48 m de circonférence moyenne extérieure et 3,92 m de longueur.

$$V = \frac{C^2}{5^2} L \qquad V = \frac{\overline{1,48}^2}{5^2} \times 3,92 = 0,343 \, m^3$$

On fera usage de l'échelle des carrés de la réglette retournée ; $\frac{V}{1,48^2} = \frac{3,92}{5^2}$; 3,92 sur la réglette correspondant à 5 sur la règle, le volume $V = 0,343$ sur la réglette correspondra à 1,48 sur la règle.

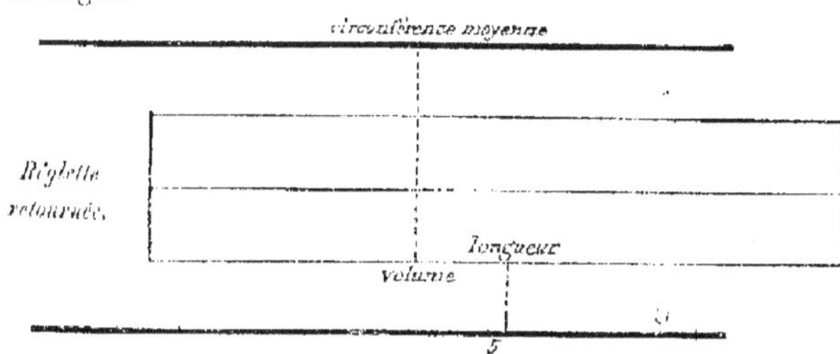

Le cube avant l'écorçage est exprimé par la formule $\frac{C^2 L}{12,57}$ ou $\frac{C^2 L}{3,545^2}$; le cube au quart sans déduction est $\frac{C^2 L}{4^2}$; au cinquième déduit $\frac{C^2 L}{5^2}$; au sixième déduit $\frac{C^2 L}{23}$ ou $\frac{C^2 L}{4,795^2}$.

Poids d'une feuille de tôle.

12. — Poids d'une feuille de tôle de 2 m sur 1 m ayant 4 mm d'épaisseur.

$$P = 20 \times 10 \times 0,04 \times 7,8 = 62,4 \, kg. \qquad ou \; P = \frac{200 \times 0,04}{0,128}$$

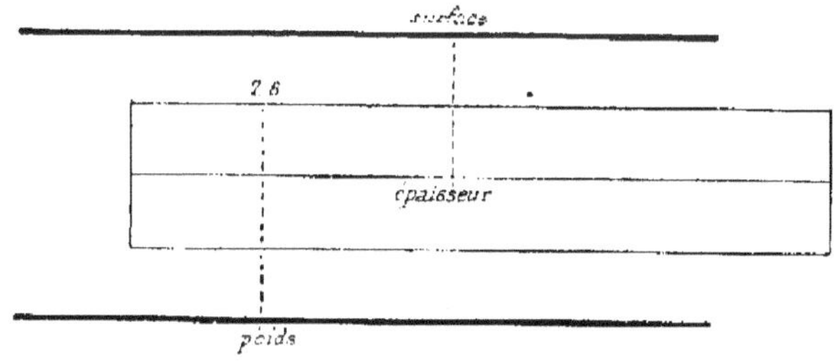

Poids d'une barre de fer.

13. — Quel est le poids d'une barre de fer de 70 mm de largeur, 23 mm d'épaisseur et 5,85 m de longueur.

$$P = l \times e \times L \times d; \quad d \text{ (densité du fer)} = 7,8.$$

Ce calcul nécessite deux opérations avec la règle. Dans la plupart des cas, on pourra faire de tête la multiplication des deux facteurs les plus simples, de façon à en réduire le nombre à trois et obtenir le résultat par un seul déplacement de la réglette.

$$P = 0,07 \times 0,023 \times 58,5 \times 7,8 = 0,161 \times 58,5 \times 78 = 73,6 \, \text{kg}.$$

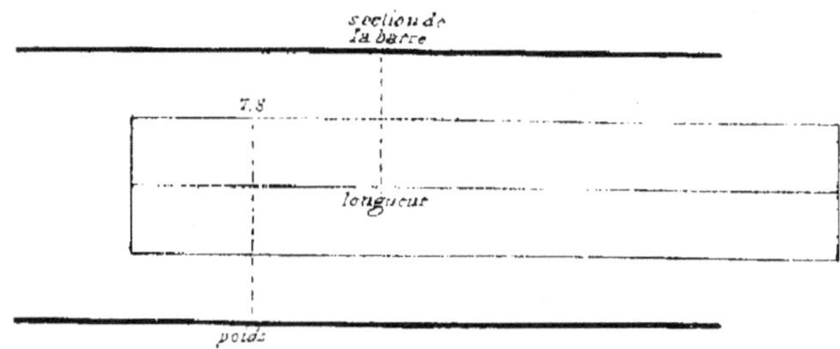

On peut aussi substituer à la dernière multiplication une division, en remplaçant la densité 7, 8 du fer par son inverse.

$$x = \frac{0,161 \times 58,5}{0,128} = 73,6 \, \text{kg}.$$

Barre à section carrée. — Le poids d'une barre de fer à section carrée de côté D s'obtient par un seul mouvement de la réglette retournée : le poids sur la réglette retournée correspond au côté D sur la règle, lorsque la longueur l sur la réglette retournée correspond à 358 sur la règle.

Poids d'une barre de fer rond.

14. — Trouver le poids d'une barre de fer rond de 31 mm de diamètre et 4,8 m de longueur.

$$P = \frac{\pi}{4} \, D^2 . \, h . \, d = \frac{D^2 \, h}{\Delta^2}$$

On trouve, au revers de la règle, le diviseur $\Delta = \sqrt{\dfrac{4}{\pi d}}$ pour un cylindre de fer ; ce diviseur est 0,405.

On fera usage de l'échelle des carrés de la réglette retournée. En appliquant la formule $P = \dfrac{D^2 h}{\Delta^2}$, on a $P = \dfrac{\overline{0,31}^2}{\overline{0,405}^2} \times 48 = 28,1 \, \text{kg}$ les divisions étant exprimées en décimètres, le poids l'est en kilogs.

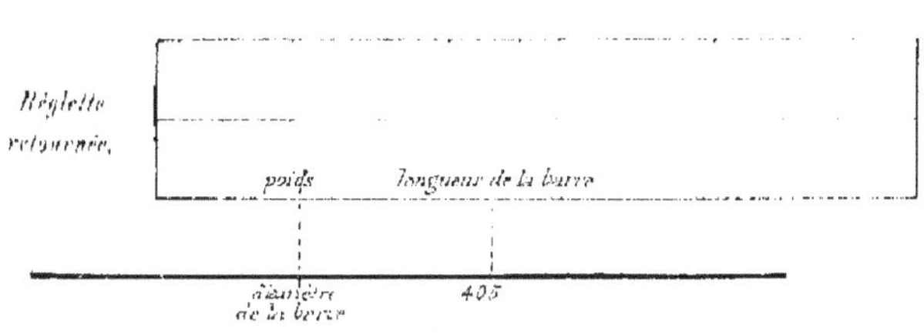

Volume
d'un
boulet sphérique.

15. — Calculer le volume d'un boulet sphérique de 0,23 m de diamètre.

En supposant ce boulet en fonte, en déterminer le poids.

Ces calculs se résolvent par un seul déplacement de la réglette
retournée :

Volume :

$$V = \frac{\pi}{6} D^3 = \frac{D^2 \cdot D}{\Delta^2} = \frac{D^2}{1,38^2} \cdot D = \frac{\overline{0,23}^2}{1,38^2} \times 0,23 = 0,00637 \; m^3$$

Poids :

$$P = \frac{\pi}{6} D^3 d = \frac{D^2}{0,5115^2} \times D = \frac{(2,3)^2}{(0,5115)^2} \times 2,3 = 46,5 \; kg.$$

Le diviseur, pour une sphère de fonte 0,5115, se trouve au revers
de la règle.

Comme précédemment, les dimensions étant en décimètres, le
poids sera exprimé en kilogs.

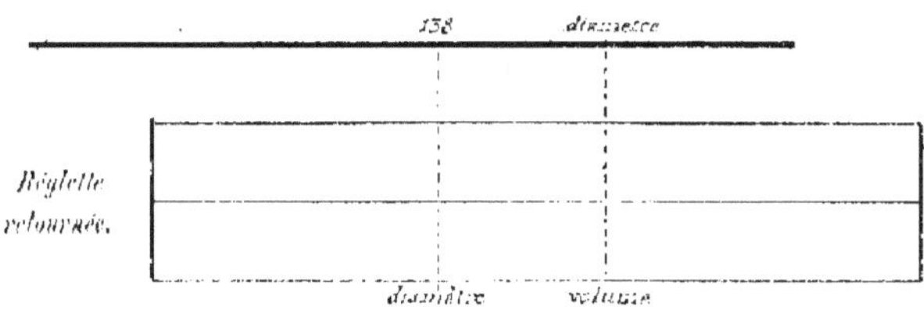

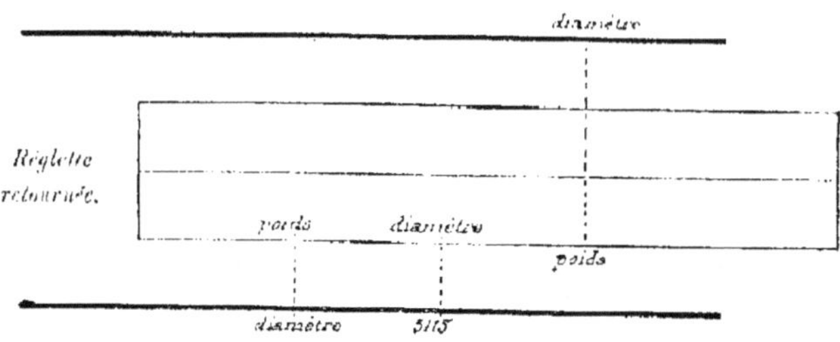

16. — Calculer le moment d'inertie de ce boulet, en supposant que l'axe soit un diamètre.

Le moment d'inertie est donné par la formule : $I = \Sigma m\, r^2 = M\rho^2$, où ρ est le rayon de gyration; on a $\rho^2 = \frac{2}{5} r^2$, d'où $I = M\frac{2}{5} r^2$. On peut modifier cette formule, de manière à rendre possible le calcul par un seul mouvement de la réglette.

$$I = M\left(\frac{r}{1,58}\right)^2 \quad \text{ou} \quad I = M\left(\frac{D}{3,16}\right)^2$$

$$I = 46500\left(\frac{23}{3,16}\right)^2 = 2460000 \text{ en unités G. G. S.} \text{(gramme — cent. carrés)}$$

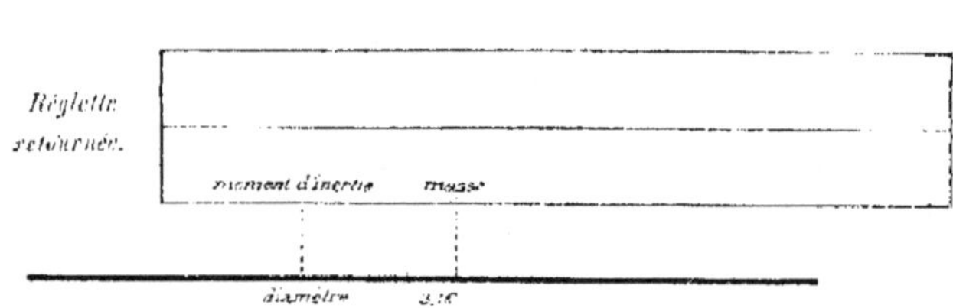

ARITHMÉTIQUE.

17. — Calculer l'intérêt de 14200 fr. à $3\frac{1}{2}\%$ pendant 9 mois et demi (285 jours).

L'intérêt i de 1 fr. pendant 1 jour à $3\frac{1}{2}\%$ étant :

$i = 0,00009722$ (*table du revers de la règle*), on a :

$$I = 14200 \times 285 \times 0,0000972 = 393,5 \text{ fr.}$$

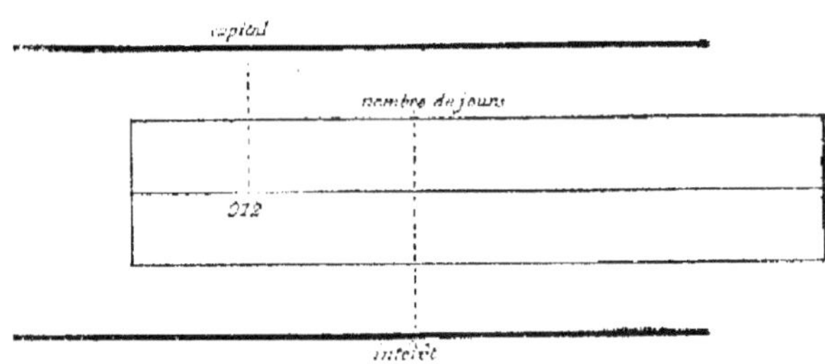

Annuités. 18. — Trouver l'annuité à payer pour éteindre une dette de 15500 fr. en 20 ans, au taux de 4 %.

$$a = \frac{A\,r\,(1+r)^n}{(1+r)^n - 1} \;;\; a = \frac{15500 \times 0{,}04 \times \overline{1{,}04}^{20}}{\overline{1{,}04}^{20} - 1}$$

On calcule d'abord $\overline{1{,}04}^{20}$ par logarithmes. Le logarithme de 1,04 ou 0,017 est multiplié par 20. Le produit 0,34 est le logarithme de $\overline{1{,}04}^{20}$; la règle donne 2,19 comme nombre correspondant à ce logarithme.

$$a = \frac{15500 \times 0{,}04 \times 2{,}191}{1{,}191} = \frac{620 \times 2{,}191}{1{,}191} = 1140 \text{ fr.}$$

L'annuité à payer est de 1140 fr.

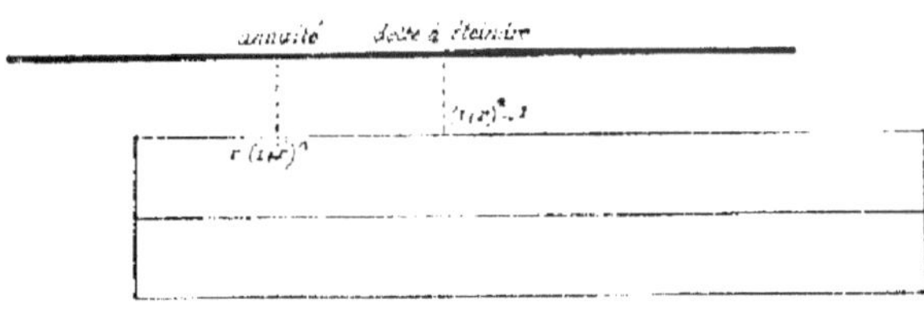

Avances
sur fonds publics. 19. — La banque de France avance 80 % sur les rentes françaises ; sachant que le 3 vaut 101,35 fr., on demande, quel chiffre de rente il faudra, pour emprunter 18500 fr.

Soit C le cours de la rente, S la somme à emprunter, x le chiffre de rente cherché, on a $\dfrac{C \times 0{,}8}{3} = \dfrac{S}{x}$; $\dfrac{0{,}8}{3}$ peut être calculé une fois pour toutes, on trouve $\dfrac{0{,}8}{3} = 0{,}2666$

d'où $x = \dfrac{S}{C \times 0{,}267} = \dfrac{18500}{101{,}35 \times 0{,}267} = 685$ fr.

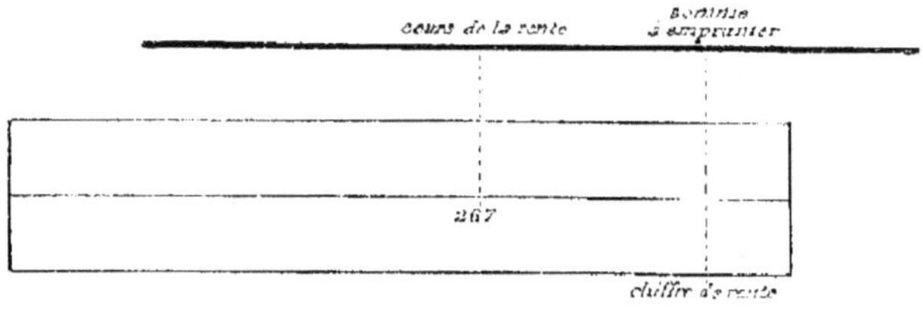

Journées d'ouvriers.

20. — Sept ouvriers payés à raison de 0,65 l'heure ont travaillé respectivement 29, 38, 43, 47, 62, 69 et 74 heures. On demande ce qui revient à chacun.

On amène un indicateur de la réglette en regard de 65 lu sur la règle; dans cette position, les sommes 18,85 ; 24,70 ; 27,95 ; 30,55 ; 40,30 ; 44,85 ; et 48,10 se lisent, simultanément sur la règle, en regard des nombres d'heures indiqués, lus sur la réglette.

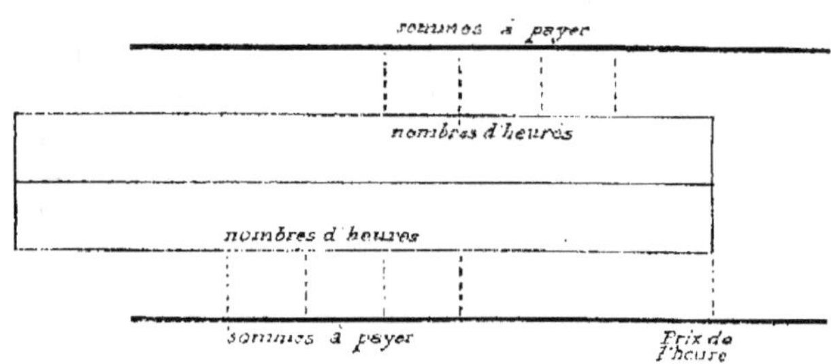

Prix d'une journée d'un typographe.

21. — Un compositeur typographe a fait, en une journée, 247 lignes en 7 (40 n à la ligne). En comptant 0,50 du mille n, on demande la somme qu'il doit recevoir pour sa journée.

$$p = 0{,}247 \times 40 \times 0{,}50 = 4{,}94 \text{ fr.}$$

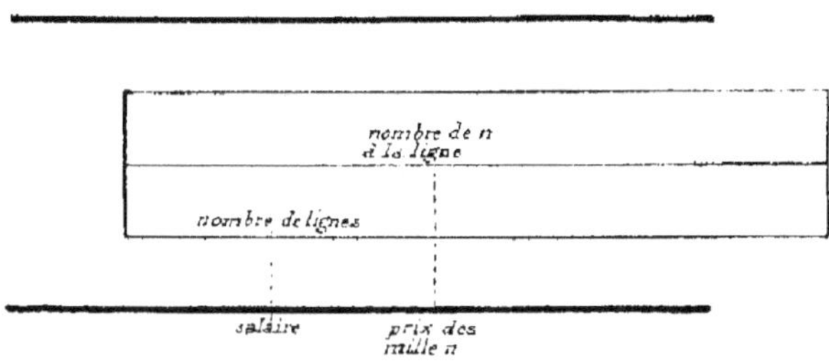

Prix d'un terrain.

22. — Calculer le prix d'un terrain de 9,25 m de large sur 45,4 m de profondeur, le mètre carré étant à 37,50 fr.

$$P = l \times L \times p; \quad P = 9,25 \times 45,4 \times 37,50 = 15750 \text{ fr.}$$

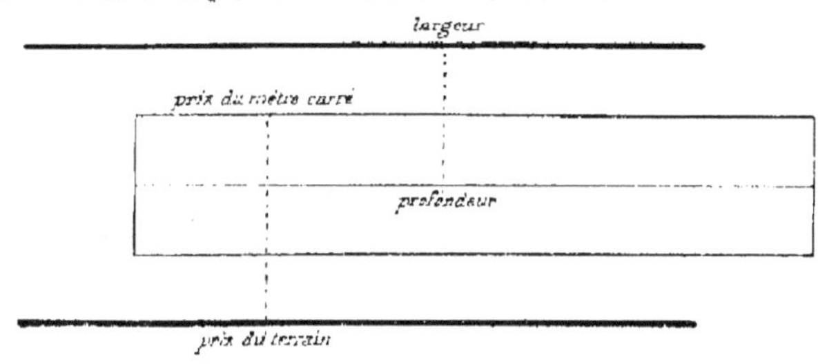

Portée d'un phare.

23. — On demande la portée géométrique d'un phare, situé à une hauteur de 61,70 m pour un observateur placé au niveau de la mer.

$$P = 3570 \sqrt{H} = 3570 \sqrt{61,70} = 28050 \text{ m}, \text{ soit } 28 \text{ kilomètres.}$$

Si l'observateur est lui-même à une hauteur h, le problème se résout par la formule $P = 3570 \left(\sqrt{H} + \sqrt{h} \right)$; les calculs de $\sqrt{H}$, $\sqrt{h}$ et la multiplication doivent se faire séparément.

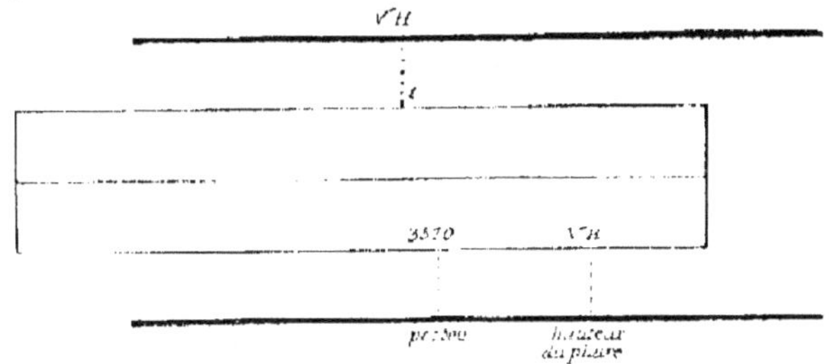

MÉCANIQUE APPLIQUÉE.

24. — On demande la charge que peut supporter une colonne creuse en fonte de 0,18 de diamètre, 0,01 d'épaisseur et 3,60 m de hauteur, le coefficient de compression par cm², pour le rapport $\left(\dfrac{3,60}{0,18} = 20\right)$ étant 1230. Quel est le poids de cette colonne ?

On a : charge $= \dfrac{\pi}{4}\,(D^2 - d^2)\,1230$; D étant le diamètre extérieur et d le diamètre intérieur en centim.

$$\text{Charge} = \dfrac{\pi}{4}\,(D + d)\,(D - d)\,1230$$

$$\text{Charge} = 0{,}785 \times 1230\,(18 + 16)\,(18 - 16) = 0{,}785 \times 1230 \times 68$$
$$= 65600 \text{ kilog.}$$

$$\text{Poids} = \dfrac{\pi}{4}\,(D^2 - d^2)\,h\,d = 0{,}785 \times 68 \times 360 \times 7{,}8$$

On peut calculer une fois pour toutes le facteur :

$$\dfrac{\pi}{4}\,d = 0{,}785 \times 7{,}8 = 6{,}12$$

ce qui réduit la formule à :

$$P = 6{,}12\,(D^2 - d^2)\,h = 6{,}12 \times 0{,}68 \times 36$$

On trouve ainsi par un seul déplacement de la réglette :

$$P = 149{,}8 \text{ kg.}$$

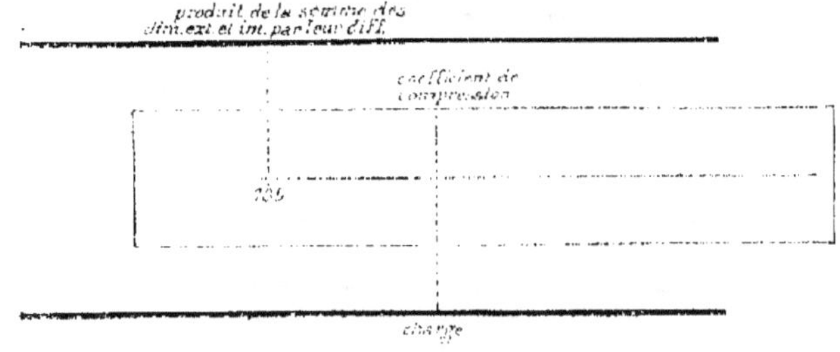

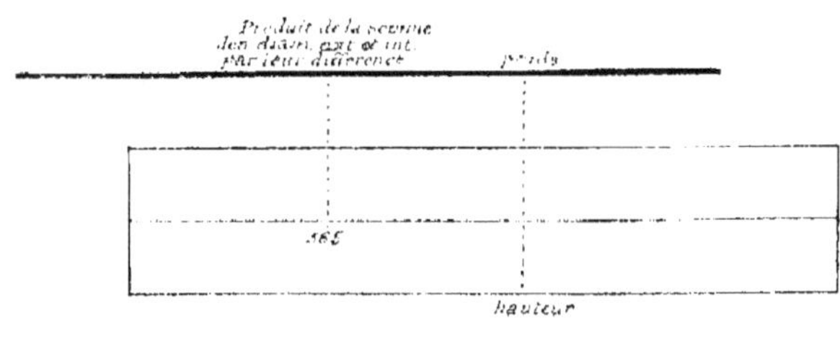

25. — Un piston de cylindre à vapeur exerce sur le plateau du cylindre un effort de 17000 kg.; on demande quel doit être le diamètre de chacun des quatre boulons d'assemblage, le coefficient de traction du fer forgé étant 650.

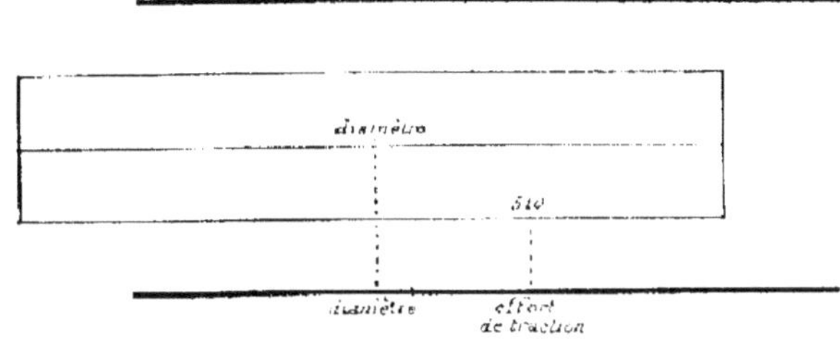

Chaque boulon supporte un effort de $\dfrac{17000}{4} = 4250$ kg.;

le diamètre est donné par la formule $D = \sqrt{\dfrac{\text{effort}}{650 \times 0,785}}$. On

peut effectuer d'avance le produit constant $650 \times 0,785 = 510$; la

formule devient $D = \sqrt{\dfrac{\text{effort}}{510}} = \sqrt{\dfrac{4250}{510}} = 2,89$ cm.

26. — On demande de calculer le diamètre d'un arbre creux en fer qui doit transmettre une puissance de N chevaux à n tours par minute.

En désignant par m le rapport entre les diamètres extérieur et intérieur de l'arbre et par d le diamètre extérieur, on a :

$$d = 85 \sqrt[3]{\dfrac{N}{n\,(1 - m^4)}}$$

Pour que l'angle de torsion ne dépasse pas 1° par mètre de longueur, on dispose de m de manière que la quantité sous le radical soit supérieure à l'unité.

Application. — N $=$ 40 ch. ; $n =$ 115 ; $m = 0,9$; $\overline{0,9}^4 = 0.656$

$$\frac{N}{n(1 - m^4)} = \frac{40}{115 \times 0,344} = 1,011 \quad \text{valeur admissible}$$

$$d = 85 \sqrt[3]{1,011} = 85 \times 1,004 \quad d = 85 \text{ mm.}$$

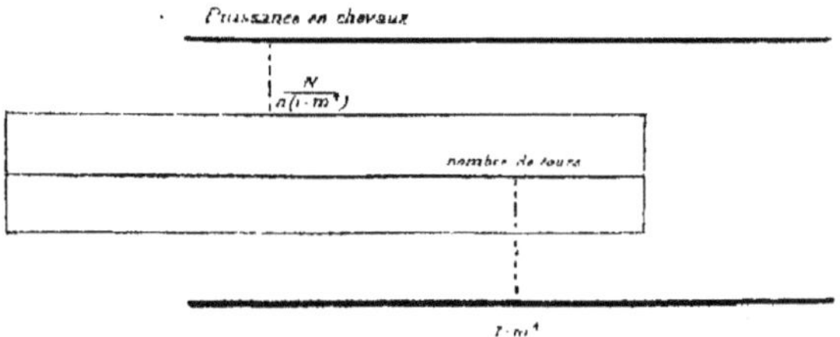

  27. — On se propose de tracer par points la chaînette inférieure formée par un câble métallique de transmission supposé parfaitement flexible et de section uniforme. Le sommet de la courbe est pris pour origine. Soit T la tension aux points d'appui qu'on suppose distants de la longueur l ; soit i l'inclinaison de la courbe en ces points, Y la flèche et G le poids de l'unité de longueur du câble. On aura :

$$\sin 2i = \frac{G}{T} l \; ; \; m = \frac{T}{G} \cos i \; ; \; Y = \frac{T}{G} - m \; ; \; y = \frac{m}{2}\left(e^{\frac{x}{m}} + e^{-\frac{x}{m}} - 2\right)$$

Application. — T $=$ 34,2 kg ; $l =$ 25 m ; G $=$ 0,5 kg.

On calcule d'abord : $\frac{G}{T} = \frac{0,5}{34,2} = 0,0146$; $\frac{T}{G} = 68,4$.

Sin $2i = 0,0146 \times 25 = 0,365$; $2i = 23°,8$; $i = 11°,9$
$m = 68,4 \sin 88°,1 = 67,3$.

Ces calculs peuvent se faire sans retourner la règle (p. 39)
Y $= 68,4 - m = 1,1$.

$$y = 33,65 \left(e^{\frac{x}{67,3}} + e^{-\frac{x}{67,3}} - 2\right)$$

Calculons l'ordonnée au point $x = 6$ m ; $\dfrac{6}{67,3} = 0,0894$.

On effectue, avec la règle la multiplication $0,0894 \log e = 0,0894 \times 0,4343 = 0,0388$. On lit ensuite ce produit sur l'échelle logarithmique de la tranche ; il correspond au nombre 1,093 dont l'inverse (obtenu au moyen de l'échelle renversée) est 0,914. Par suite :

$$y = 33,65 \, (1,093 + 0,914 - 2) = 33,7 \times 0,007 = 0,236 \, m.$$

Calcul
d'un mur
de soutènement 28. — Calculer le rapport de la base à la hauteur de la section d'un mur en maçonnerie, à section rectangulaire, destiné à soutenir un massif de terre profilé suivant son talus naturel. On supposera que l'angle du talus avec l'horizon est de 38°, le rapport du poids du mètre cube de terre à celui du mètre cube de maçonnerie 0,72 et le coefficient de stabilité 1,5.

Ce problème se résout par la formule :

$$K^2 + K \cdot \frac{m}{2} \cdot p \cdot \sin 2\varphi - \frac{m^2}{3} \, p \cos^2 \varphi = 0$$

le coefficient de stabilité m étant donné une fois pour toutes, on calcule d'avance les facteurs $\dfrac{m}{2}$ et $\dfrac{m^2}{3}$;

$$\frac{m}{2} = \frac{1,5}{2} = 0,75 \, ; \quad \frac{m^2}{3} = \frac{1,5^2}{3} = \frac{2,25}{3} = 0,75$$

la formule devient pour cette valeur de m :

$$K^2 + K \cdot 0,75 \times p \sin 2\varphi - 0,75 \times p \cdot \cos^2 \varphi = 0$$

On trouve immédiatement $\sin 2\varphi$ et $\cos^2 \varphi$ avec la réglette retournée ; le calcul de chacun des coefficients revient à une multiplication de trois facteurs et exige un mouvement de la réglette. On a, dans l'exemple proposé :

$$K^2 + K \cdot 0,75 \times 0,72 \times 0,97 - 0,75 \times 0,72 \times 0,624 = 0$$
$$K^2 + 0,524 \, K - 0,335 = 0 \qquad\qquad K = 0,373$$

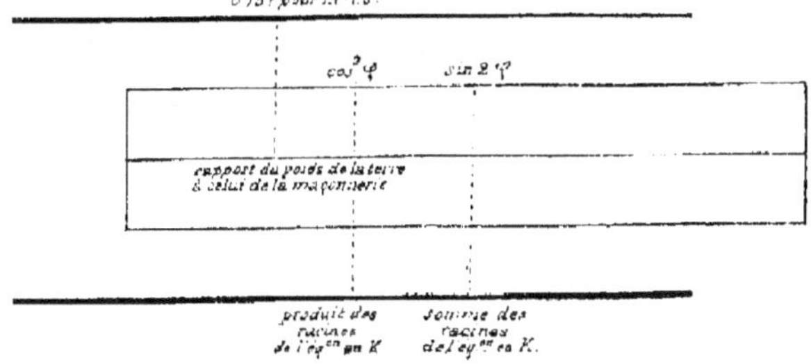

Le nombre 335, lu sur l'échelle du milieu de la réglette, étant mis en regard de l'indicateur du milieu de la règle, on trouve que les nombres 897 et 373 qui se correspondent, le premier sur l'échelle supérieure de la règle, le second sur l'échelle du milieu de la réglette ont précisément pour différence 524. Ce sont les racines cherchées ; la plus petite, qui est positive, convient seule, d'où $K = 0,373$.

Résistance d'inertie d'un mobile.

29. — Une voiture, pesant avec sa charge 5430 kilog., marche à une vitesse de 3,25 m par seconde ; on demande la résistance d'inertie qu'elle oppose à l'arrêt.

$I = \dfrac{p\,v^2}{2\,g}$. Le calcul peut s'effectuer par un seul mouvement de la réglette retournée, en remplaçant la constante $2\,g$ par $(\sqrt{2\,g})^2$. On a alors : $I = \left(\dfrac{v}{4,43}\right)^2 p$; $I = \left(\dfrac{3,25}{4,43}\right)^2 . 5430 = 2920$ kilogrammètres.

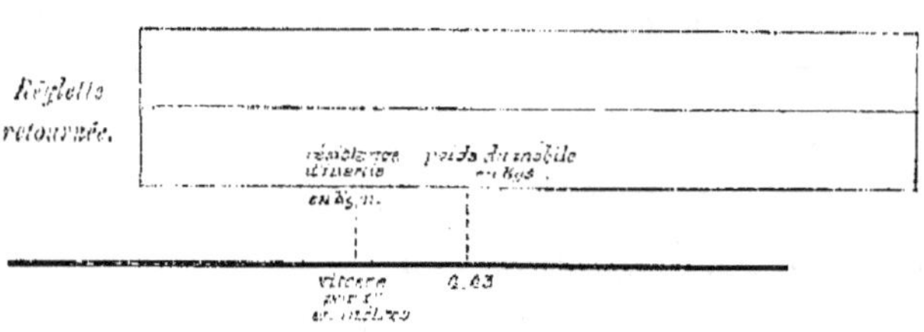

Équilibre des leviers.

30. — Quelle est la puissance nécessaire pour équilibrer un poids de 45 kilogs avec chacun des trois genres de levier. Le levier étant une barre A B de 0,72 de longueur, sur laquelle on prendra un point intermédiaire C, distant de A de 0,54 et de B de 0,18.

A   0,54   C 0,18 B.

1er genre. — Point d'appui en C ; résistance en B ; puissance en A.

$$P = \frac{45 \times 18}{54} = 15 \text{ kg.}$$

2e genre. — Point d'appui en B ; résistance en C ; puissance en A.

$$P = \frac{45 \times 18}{72} = 11,25 \text{ kg.}$$

3ᵉ genre. — Point d'appui en A; résistance en B; puissance en C.

$$P = \frac{45 \times 72}{54} = 60 \text{ kg.}$$

Ces trois problèmes se résolvent aisément avec la règle.

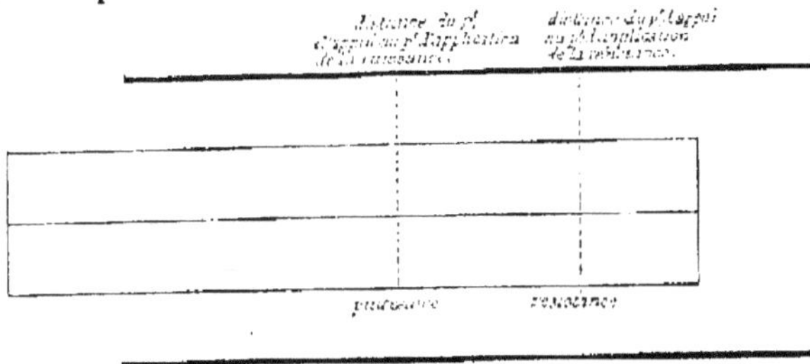

Diamètre d'une poulie de transmission

31. — Une dynamo, dont la poulie a un diamètre de 212 mm, doit faire 625 tours par minute; on demande quel doit être le diamètre de la poulie de l'arbre de transmission, sachant que ce dernier fait 142 tours par minute.

Soient d et n le diamètre et le nombre de tours de la poulie de la dynamo; D et N, le diamètre et le nombre de tours de la poulie de l'arbre de transmission. On aura :

$$D = \frac{n}{N} \times d \qquad D = \frac{625}{142} \times 212 = 0{,}933 \text{ m.}$$

Pour tenir compte de la perte de vitesse due au glissement, il faudrait augmenter ce résultat de 5 % ou le multiplier par 1,05; on trouve alors 0,979 m.

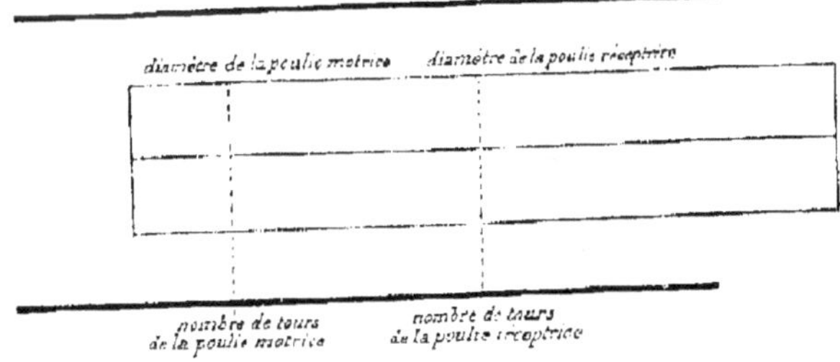

Vitesse linéaire d'une roue dentée

32. — Calculer la vitesse linéaire, par seconde, à la circonférence primitive d'une roue dentée, de diamètre 274 mm, faisant 62 tours par minute.

$$v = \frac{\pi}{60} \times D \times G \qquad v = 0{,}0524 \times D \times G$$

$$v = 0{,}0524 \times 0{,}274 \times 62 = 0{,}89 \text{ m.}$$

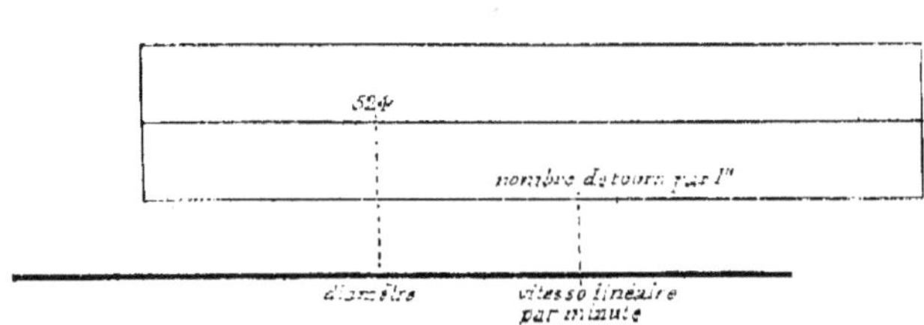

Multiplication et développement d'une bicyclette. 33. — La roue de chaîne d'une bicyclette a 17 dents, le pignon, 7 dents ; le diamètre de la roue d'arrière est de 0,72. On demande de déterminer : 1° la multiplication ; 2° le développement de la machine ; 3° le nombre de tours pour un parcours de 100 km.

1° multiplication : $m = \dfrac{17}{7} \times 0{,}72 = 1{,}75$

2° développement : $d = \pi m = 3{,}14 \times 1{,}75 = 5{,}50$ m.

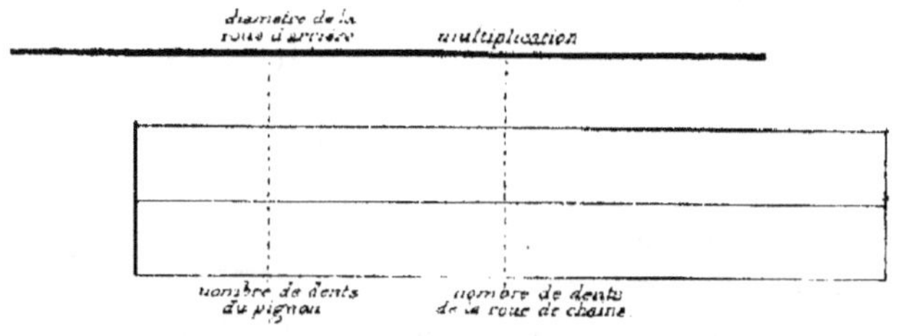

3° Nombre de tours du pédalier : $= \dfrac{100.000}{5{,}50} = 18180$ tours.

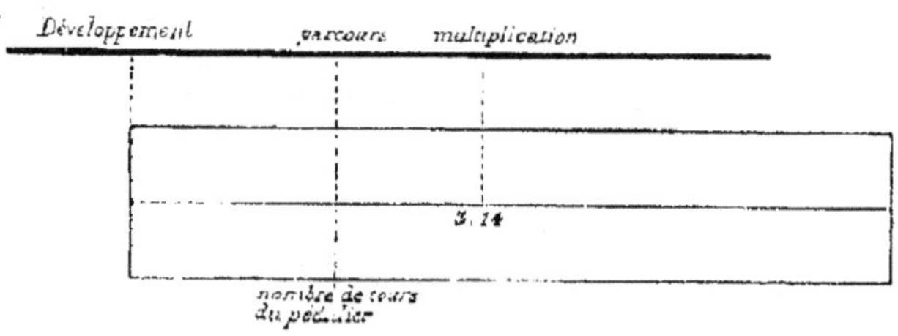

Nombre de tours du pédalier par 1'

34. — Un cycliste effectue un parcours de 155 kilom. en 7 heures sur une machine d'un développement de 5,75 m. On demande la moyenne, par minute, du nombre de tours du pédalier.

$$n = \frac{\text{parcours}}{\text{développ.} \times \text{temps en min.}} = \frac{155000}{5,75 \times 420} = \frac{15500}{5,75 \times 42} = 64,21.$$

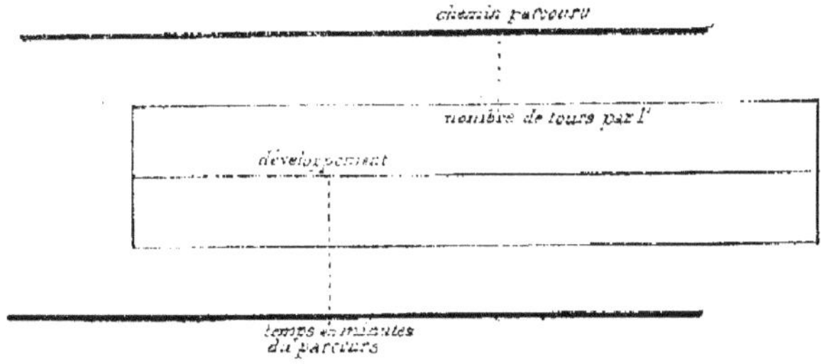

Engrenages du tour à fileter

35. — Pour faire une vis d'un pas p, sur un tour, ayant au chariot un pas P, il faut que les dents des engrenages satisfassent à la proportion : $\frac{p}{P} = \frac{B.D}{C.E}$

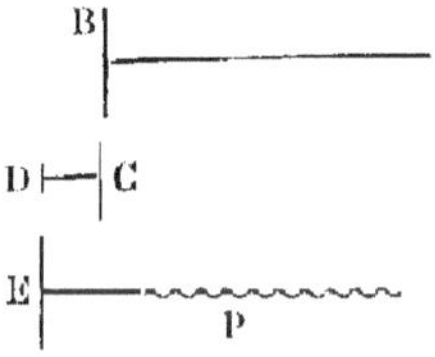

Solution : 1° Sans intermédiaires. La proportion se réduit à $\frac{p}{P} = \frac{B}{E}$; il est aisé de déterminer B et E.

2° *Avec intermédiaires.* En donnant à E, 100 dents, si P = 10 mm ; et à E, 80 dents, si P = 8 mm, la proportion devient $\frac{p}{D} = \frac{B}{C}$.

Un tour possède ordinairement une série d'engrenages de 20 à 100 dents, de 5 en 5, et les suivants 110, 120 et 130 dents.

La recherche du nombre de dents à donner aux engrenages sera considérablement abrégée par la règle à calculs ; il suffira de faire passer, sous le pas lu sur la règle, successivement tous les nombres, lus sur la réglette, qui représentent les engrenages que l'on possède, en s'arrêtant lorsqu'on aura trouvé un rapport convenable pour $\dfrac{\text{B (règle)}}{\text{C (réglette)}}$, c'est-à-dire qui correspond à deux engrenages de la série. (Ne pas oublier que les échelles supérieures doivent figurer en nombre pair dans tout calcul).

Si l'on n'en trouvait pas, on changerait la valeur de E; on calculerait $n = \dfrac{p}{\text{P}} \times \text{E}$ et l'on résoudrait de la même manière la proportion $\dfrac{n}{\text{D}} = \dfrac{\text{B}}{\text{C}}$.

Application numérique. — P = 10 mm; E = 100 dents; $p = 19,44$ mm. On aura $\dfrac{19,44}{\text{D}} = \dfrac{\text{B}}{\text{C}}$. En déplaçant la réglette, comme il a été indiqué, on remarque que lorsque 19,44 correspond à 35, 5 correspond à 9. On prendra, par conséquent, D = 35 dents; B = 50 dents; C = 90 dents.

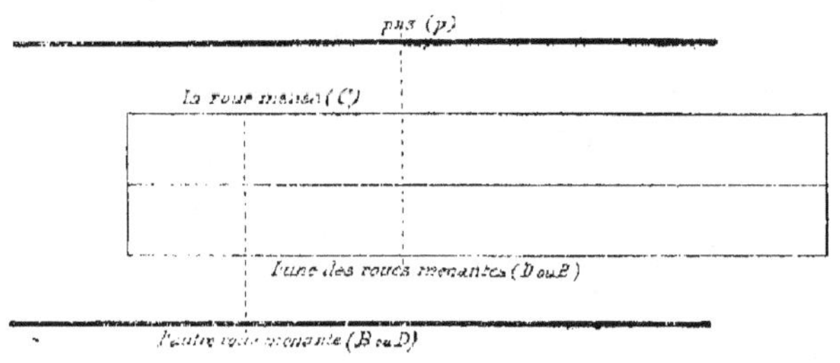

Nombre de dents
d'un pignon. 36. — Trouver le nombre de dents à donner au pignon du régulateur d'un métier à tisser, suivant le duitage n. (Un point de la surface du cylindre doit avancer de 1 centim. pour n dents du rochet).

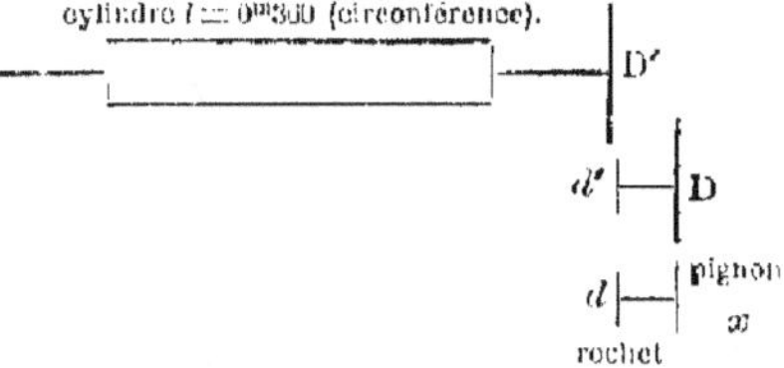

Si le duitage (n) est donné au centimètre, on a :

$$x = \frac{\text{B D}' d}{d' l n} = \frac{\text{produit du nombre de dents des roues menées}}{\text{roue menante} \times \text{circonférence} \times \text{duitage}}$$

S'il l'est au 1/4 de pouce, $x = \dfrac{D\,D'\,d}{1,48\,d'\,l\,n}$

Application. $D = D' = 126$ dents ; $d = 60$; $l = 0^m360$; $d' = 19$.

D'où $\quad x = \dfrac{\overline{126}^2 \times 60}{19 \times 36 \times n}$, dans le premier cas ;

et $\quad x = \dfrac{\overline{126}^2 \times 60}{1,48 \times 19 \times 36 \times n}$, dans le second.

Le premier calcul se fait par deux déplacements de la réglette :

$$\dfrac{\overline{126}^2}{19} = 83600 \quad \text{et} \quad \dfrac{83600 \times 60}{36} = 1393, \text{ d'où } x = \dfrac{1393}{n}.$$

La seconde formule devient $x = \dfrac{1393}{1,48n} = \dfrac{940}{n}$. On peut aussi trouver le second dividende 940 directement, par deux déplacements de la réglette, en remplaçant le diviseur constant 1,48 par $\overline{1,216}^2$ et en effectuant $\left(\dfrac{126}{1.216}\right)^2 \times 60$ avec la réglette retournée.

Le nombre de dents s'obtiendra, par conséquent, en divisant 1393 par le duitage au centimètre, ou 940 par le duitage au 1/4 de pouce.

<table><tr><td>Diamètre
d'une soupape
de sûreté.</td><td>

37. — Calculer : 1° le diamètre à donner à une soupape de sûreté pour chaudière à vapeur, en supposant que la surface totale de chauffe soit 13,25 m et la pression 5,5 kg. par centimètre carré ; 2° la pression effective de la vapeur sous cette soupape ; 3° la longueur à donner au grand bras de levier, sachant qu'on se sert pour équilibrer cette pression d'un poids de 4 kg. et que le petit bras a 4,5 cm.

</td></tr></table>

1° Le diamètre se détermine par la formule $d = 2,64 \sqrt{\dfrac{S}{n + 0,6}}$ ou $d = 2,64 \sqrt{\dfrac{13,25}{6,1}}$; par un seul déplacement de la réglette retournée, on trouve $d = 3,80$ cm. Pour éviter une erreur de lecture, bien remarquer que la parité du nombre de chiffres est différente entre le numérateur et le dénominateur et que, par conséquent, d et 2,64 doivent se lire sur des échelles distinctes.

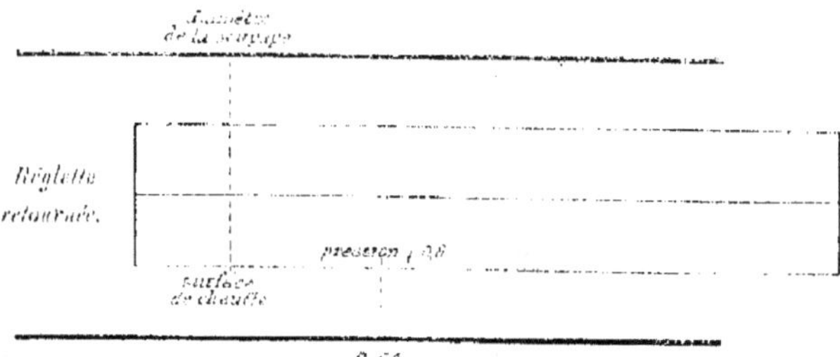

2° La pression, sous la soupape, se calcule par la formule :

$$P = n\left(\frac{d}{1,128}\right)^2, \text{ soit } P = \left(\frac{3,89}{1,128}\right)^2 \times 5,5$$

par un mouvement de la réglette retournée, on a P = 65,4 kg..

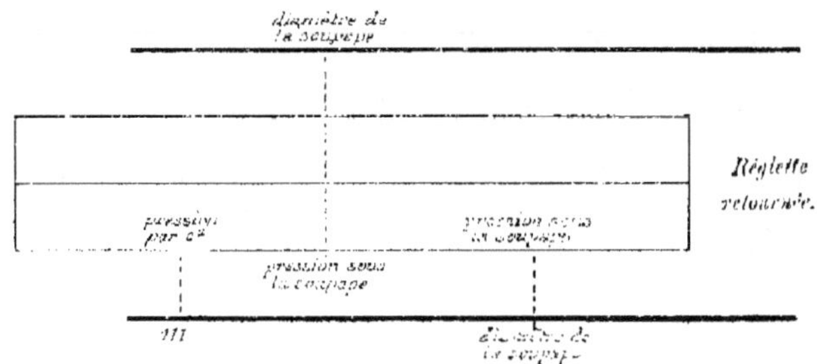

3° Longueur du grand bras de levier : $P \times l = x \times p$

soit : $67,5 \times 4,5 = x \times 4$ $\qquad x = \dfrac{67,5 \times 4,5}{4} = 76$ cm.

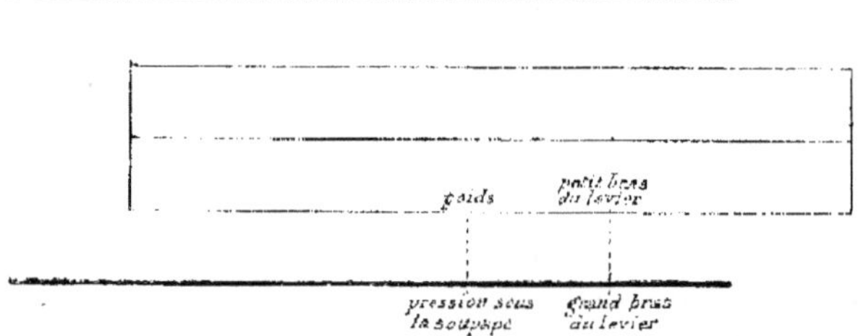

Effort nécessaire
pour la traction
d'un véhicule.

38. — Calculer l'effort nécessaire pour la traction d'un véhicule du poids de 80 kg, à la vitesse de 20 km à l'heure, sur une rampe de 2 cm par mètre ; le coefficient de traction étant K = 0,03.

$$F = P\,V\,(K + tg\,\alpha) = 80 \times \frac{20000^m}{3600}\,(0,03 + 0,02)$$

$$V \text{ (vitesse par 1'')} = \frac{200}{36} = \frac{50}{9} = 5,55\,m\,;$$

$$F = 80 \times 5,55 \times 0,05 = 80 \times 5,55 \times 0,05 = 22,22\,kg.$$

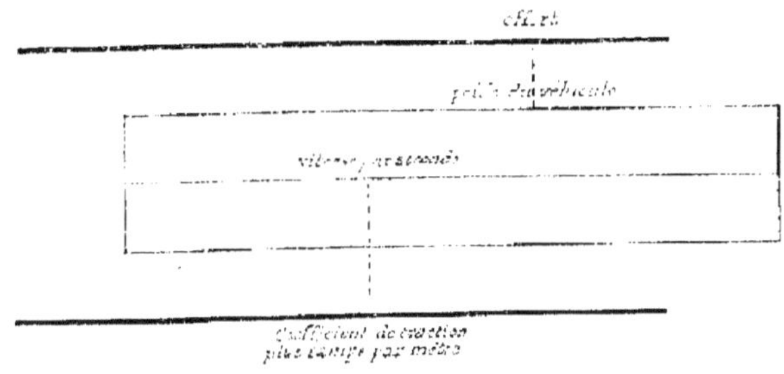

Puissance
d'un moteur
hydraulique.

39. — Calculer la puissance en poncelets (chevaux-vapeur de 100 kgm par 1'') d'un moteur hydraulique alimenté par une chûte de 4,70 m, fournissant 6500 litres par seconde, le coefficient de rendement du moteur étant 0,63.

$$N = 10 \times Q^{m3} \times H \times m \quad N = 10 \times 6,5 \times 4,70 \times 0,63 = 192,5 \text{ poncelets.}$$

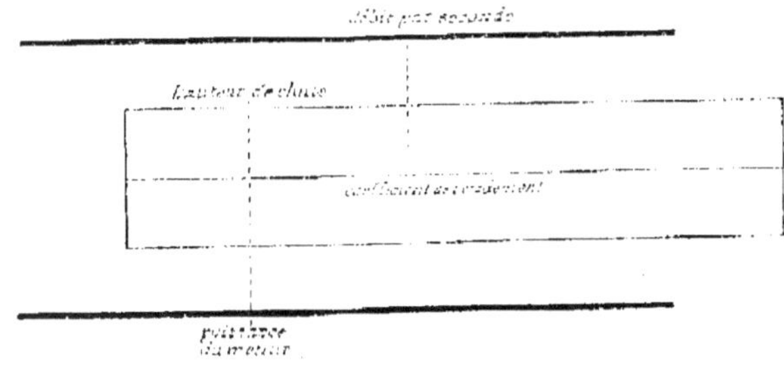

Puissance utile
sur l'arbre
d'une machine
à vapeur.

40. — Calculer la puissance utilisable sur l'arbre d'une machine à vapeur. Soient : K (coefficient de construction) 0,85 ; h (pression de la vapeur par cent. carré) $= 6\,$kg ; h' (pression au condenseur) $= 0,5\,$kg ;

$$e \text{ (détente)} = \frac{v}{V} = \frac{\text{volume admis de vapeur}}{\text{volume occupé par la vapeur détendue}} = \frac{z_0}{z} = \frac{1}{8} ;$$

(z_0 course du piston correspondante à la pleine admission ; z course totale ; $V = S z = 0,68\,$m³ (produit de la surface du piston par sa course) ; v (nombre de tours par minute) $= 40$.

La pression rapportée au mètre carré est de 6000 kg ; le volume développé par le piston, en un tour, est $2\,V = 2 \times 0,68$.

On obtiendra la puissance (en poncelets) par la formule :

$$P = \underbrace{\frac{k\,h\,2\,V\,e\,n}{6000}}_{\substack{\text{pleine}\\\text{admission}}} \left(1 + \underbrace{2,3026 \log \frac{1}{e}}_{\text{détente}} - \underbrace{\frac{h'}{h} \cdot \frac{1}{e}}_{\text{contre-pression.}}\right)$$

En remplaçant les lettres par leurs valeurs :

$$P = \frac{0,85 \times 6000 \times 2 \times 0,68 \times 40}{6000}\left(1 + 2,3026 \log 8 - \frac{0.5}{6} \times 8\right) = 0,85 \times 1,36 \times 40 \left(0,333 + 2,3026 \log. 8\right)$$

On trouve, avec la règle, les résultats suivants :

$$0,85 \times 1,36 \times 40 = 46,25 \text{ et } 46,25 \times 0,333 = 15,43 ; \log 8 = 0,903,$$
$$\text{puis, } 46,25 \times 2,3026 \times 0,903 = 96,1.$$

d'où : $P = 15,43 + 96,1 = 111,53$ poncelets, ou 148,70 chevaux (le poncelet valant 1,33 cheval).

PHYSIQUE INDUSTRIELLE.

41. — Déterminer la quantité de chaleur (en calories) transmise, par heure, à une enceinte, par un poêle à vapeur cylindrique en fonte, d'une surface de 1,50 m, dans lequel circule de la vapeur à 100°. On suppose la température de l'enceinte à 15°.

$$M = S Q (T-\theta) ; M = 1,50 \times 11,44 \times 85 = 1458 \text{ calories.}$$

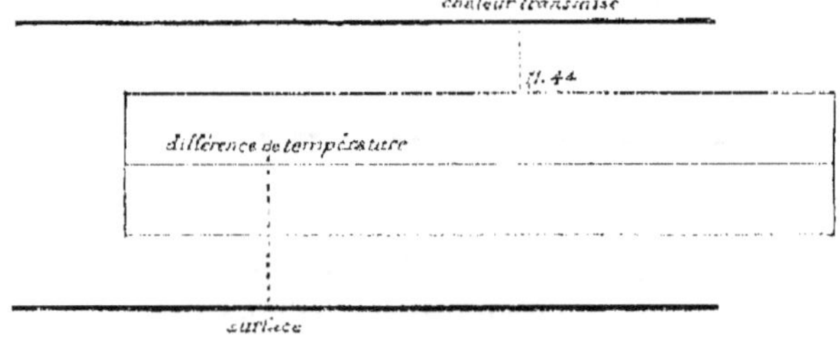

Poids nécessaire pour chauffer poids d'eau.

42. — Trouver la quantité de vapeur nécessaire pour élever un poids P d'eau de la température t à la température T.

$$p = 0,0019 \, \text{P} \, (\text{T} - t)$$

Application : P $= 2,5 \, \text{m}^3$; $t = 11^\circ$; T $= 95^\circ$

$$p = 0,0019 \times 2500 \times 84 \qquad p = 399 \, \text{kg}.$$

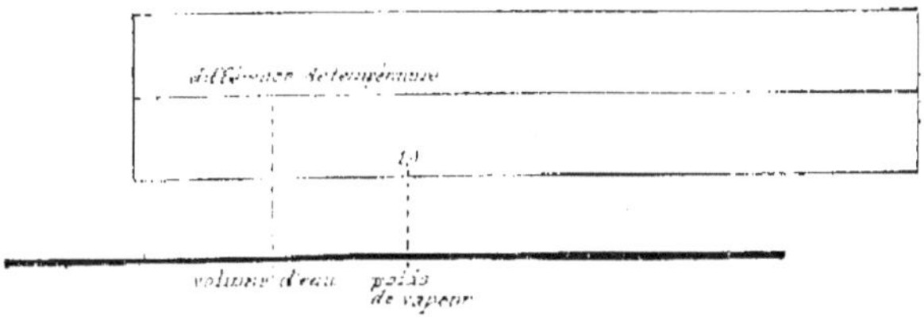

Séchage par l'air chaud.

43. — Dans un séchoir méthodique, soit T la température de l'air chaud introduit, t_1 sa température de sortie, t_0 la température extérieure. La pression atmosphérique est H, la tension maxima de la vapeur à t_1 est f_1, à t_0 elle est f_0. L'état hygrométrique K est supposé le même à la sortie du séchoir et à l'extérieur. On demande de calculer : 1° Le poids P de l'air nécessaire pour enlever 1 kg d'eau ; 2° le volume V de cet air dans les conditions extérieures ; 3° la température T à laquelle il doit entrer dans le séchoir ; 4° la quantité de chaleur à lui fournir.

On résout d'abord les opérations $a = \dfrac{1,61}{\text{K}}$; $c = 606,5 - 0,695 \, t_1$; puis on détermine P, V, T et G par les formules suivantes, suffisamment approchées en pratique :

1° $$\text{P} \, (f_1 - f_0) = a \, [\text{H} - \text{K} \, (f_1 + f_0)].$$

On multiplie au moyen de l'échelle renversée, ce qui permet d'apprécier, sans déplacer la réglette, les variations correspondantes des deux principaux facteurs P et $f_1 - f_0$.

2° $$\frac{\text{P}}{\text{V}} = \frac{1 - \left(a \, t_0 + \dfrac{\text{K} f_0}{\text{H}} \right)}{0,773} = \frac{(r\`egle)}{(r\'eglette)}.$$

$$3° \text{ et } 4° \quad 0,242 \Lambda \ (\textit{éch. rene. de la règle}) = \frac{c \quad (\textit{règle})}{T - t \ (\textit{réglette})} = \frac{G - c \ (\textit{règle})}{t_1 - t_0 \ (\textit{réglette})}$$

Une seule position de la réglette suffit pour déterminer $T - t$ et $C - c$.

Application. — $K = 0,60$; $H = 760$ mm ; $t_0 = 10°$; $f_0 = 9,1$ mm ; $t_1 = 38°$; $f_1 = 49,2$ mm.

$$a = \frac{1,61}{0,6} = 2,68.$$

$$c = 606,5 - 0,695 \times 38 = 606,5 - 24,6 = 582$$

$$P \times 40,1 = 2,68 [760 - 0,6 \times 58,3] = 2,68 \times 725. \quad P = 48,5 \ \text{kg}.$$

$$\frac{48,5}{V} = \frac{1 - 0,00367 \times 10 - \dfrac{0,6 \times 9,1}{760}}{0,773} = \frac{1 - 0,0367 - 0,00718}{0,773} = \frac{0,956}{0,773}$$

$$V = 39,2 \ \text{m}^3 ; \quad 0,242 \times 48,5 = \frac{582}{T - 38} = \frac{C - 582}{28}.$$

$$T - 38 = 49°,6 ; \quad T = 87°,6 ; \quad C - 582 = 329 ; \quad C = 911 \ \text{calories}.$$

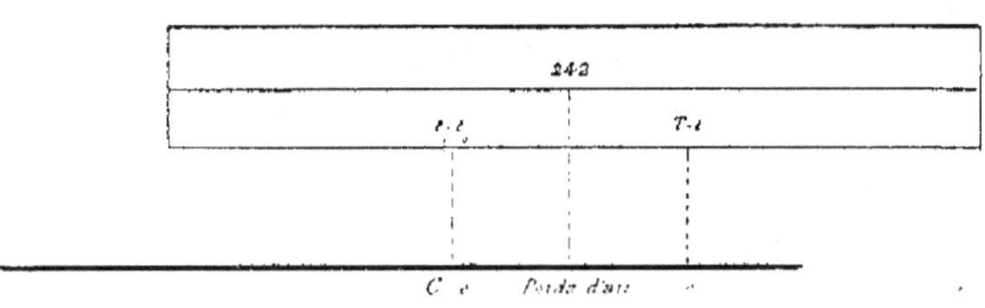

Consommation d'énergie d'un fourneau électrique.

44. — Un fourneau électrique absorbe I ampères sous E volts pendant un temps t pour la cuisson de n kg d'aliments. On demande la consommation en watts-heure (W) et le nombre de calories (kg-d) dépensé par kg.

Le calcul exige deux mouvements de la réglette ; le premier donne Et, le second donne simultanément W et Q.

$$\frac{W}{I} = \frac{Et}{n} = \frac{Q}{864}$$

Application. — $E = 110$ volts ; $I = 42$ ampères ; $t = 3,5$ heures $n = 28$ kg.

$$Et = 110 \times 42 \times 3,5 = 16170$$

$$\frac{W}{1} \quad \frac{16170}{28} \quad \frac{Q}{0,864} \quad (règle).$$
$$(réglette).$$

$W = 577$ watts-heure.

$Q = 498$ calories (kg-d).

Résistance d'un conducteur électrique.

45. — Déterminer, en ohms, la résistance d'un conducteur en cuivre de résistivité 1,69 microhm,cm, de section 0,000012 m² et de 850 m. de longueur.

$$R = \rho \frac{l}{s} \times 10^{-6} \text{ ohms}; \quad R = \frac{1,69 \times 85000}{0,12 \times 1000000} = 1,197 \text{ ohm}.$$

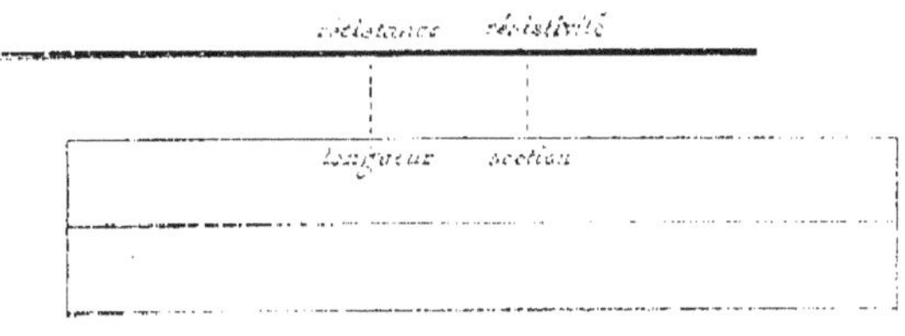

Intensité du courant nécessaire pour produire un dépôt de cuivre.

46. — Calculer l'intensité du courant nécessaire pour produire un dépôt de 8,5 mm de cuivre par seconde. L'équivalent du cuivre est 31,5.

$$I = \frac{M}{0,010384\, e} = \frac{8,5}{0,010384 \times 31,5} = 26 \text{ ampères}.$$

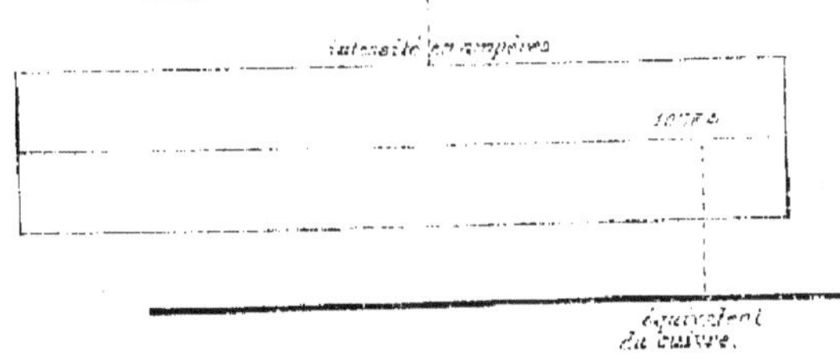

Nombre de lampes électriques pour une puissance donnée.

47. — Combien peut-on alimenter de lampes de 16 bougies, consommant 3,5 w par bougie, avec une puissance de 3 kilowatts.

$$n = \frac{3000}{16 \times 3,5} = 53,6 \text{ lampes}.$$

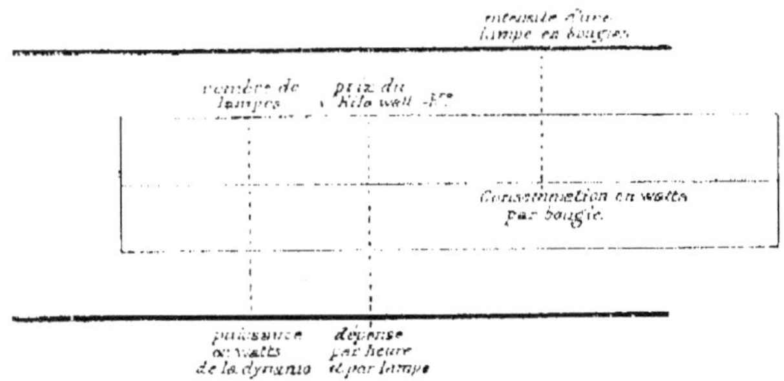

48. — Quelle est la dépense, par heure, pour une lampe de 16 bougies à 3,5 w par bougie, le kilowatt-heure coûtant 0,75 fr.

$$x = 16 \times 3{,}5 \times 0{,}00075 = 0{,}042 \text{ fr.}$$

49. — Calculer l'induction magnétique dans un barreau de fer aimanté dont la force portante est 19,6 kg et la section 2,6 cm².

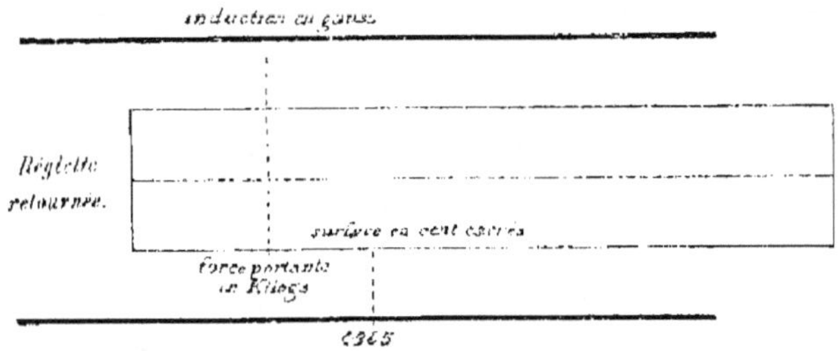

$\mathfrak{B} = 4965 \sqrt{\dfrac{F}{S}}$; dans cette formule, F est exprimé en kilogs et S en centimètres carrés. Le résultat s'obtient par un seul mouvement de la réglette retournée.

$$\mathfrak{B} = 4965 \sqrt{\frac{19{,}6}{2{,}6}} = 13630 \text{ gauss.}$$

50. — CALCUL D'UNE DYNAMO. — Soit proposé de calculer une dynamo shunt bipolaire (type Gramme). On donne : le nombre de tours par minute 900 (par seconde $m = \dfrac{900}{60} = 15$), la vitesse périphérique de l'anneau ($c = 13{,}50$m) par seconde, la différence de potentiel aux bornes ($e = 75$ volts), le débit en ampères ($I = 110$), le rendement électrique ($\eta = 0,90$), l'induction magnétique maxima dans le fer doux de l'anneau ($\mathfrak{B}_a = 17000$ gauss) et dans le fer forgé des noyaux inducteurs ($\mathfrak{B}_i = 12000$). On admettra, pour la résistance de l'induit, une perte de $4,5\%$: on prendra, pour tenir compte des dérivations du flux dans l'air, le rapport $\gamma = 1,42$, entre le flux de l'inducteur et celui de l'induit. Le diamètre extérieur du noyau induit sera pris égal à 1,5 fois le diamètre intérieur et sa longueur égale à 0,8 du diamètre extérieur ; la section d'une pièce polaire sera 2,8 fois celle de l'armature.

En désignant par E la force électromotrice totale développée dans l'induit, par i le courant dans l'enroulement inducteur en shunt, par r_a la résistance de l'induit entre balais, par r_d la résistance des inducteurs, par R la résistance extérieure, on a les relations :

$$e = R\,I = r_d\,i \;(1)\;;\quad E = e + r_a\,(I + i)\;(2)\;;\quad \eta = \frac{W}{E\,(I + i)}\;(3).$$

Solution. — *Puissance utile :* $W = e\,I = 75 \times 110 = 8250$ watts.

Force électromotrice totale développée dans l'induit :

$$E = 1,045\,e = 1,045 \times 75 = 78,4 \text{ volts.}$$

Intensité du courant dans l'enroulement inducteur :

$$I + i = \frac{W}{E\,\eta} = \frac{8250}{78,4 \times 0,90} = 116,9 \text{ amp}\;;\quad i = 6,9 \text{ amp.}$$

Induit. — 1° *Dimensions de l'anneau :* diamètre extérieur :

$$D = \frac{e}{\pi\,m} = \frac{1350}{3,14 \times 15} = 28,65 \text{ cm}\;;$$

diamètre intérieur : $D' = \dfrac{D}{1,5} = \dfrac{28,65}{1,5} = 19,1$ cm ;

longueur : $\lambda = 0,8\,D = 0,8 \times 28,65 = 22,90$ cm ;

surface extérieure :

$$S = \frac{\pi}{2}(D + D')(D - D') + \pi D\lambda = 1,57 \times 47,70 \times 9,55 + 3,14 \times 28,60 \times 22,90$$

$$S = 358 + 2060 = 2420 \text{ cm}^2.$$

2° *Surface de refroidissement de l'anneau*, par watt-seconde transformé en chaleur dans l'induit :

$$S_1 = \frac{S}{0,045\, e\, (I + i)} = \frac{2420}{0,045 \times 75 \times 116,9} = 6,13 \text{ cm}^2.$$

3° *Section de fer de l'induit*, par un plan passant par l'axe :

$s = 0,85\,(D - D')\,\lambda = 0,85 \times 9,55 \times 22,92 = 186$ cent. carrés (0,85 est un coefficient dû aux rondelles de papier interposées pour s'opposer aux courants de Foucault).

4° *Flux de force dans l'anneau :*

$$\varphi = \mathfrak{B}\, s = 17000 \times 186 = 3,16 \times 10^6 \text{ webers.}$$

5° *Nombre de spires à enrouler sur l'induit :*

$$n = \frac{E \times 10^2}{m\,\Phi} = \frac{7840}{15 \times 3,16} = 165,4 \text{ tours.}$$

Ce qui donne, à trois spires par lame, 55 lames au collecteur.

6° *Longueur du fil induit :*

$$l = n(2\lambda + D - D') = 165\,(45,80 + 9,55) = 165 \times 55,4 = 9140 \text{ cm.}$$

7° *Résistance de l'induit entre balais :*

$$r_a = \frac{E - e}{I + i} = \frac{3,4}{116,9} = 0,0291 \text{ ohm.}$$

8° *Diamètre du fil induit :*

$$\frac{\pi\,d^2}{4} = \frac{\rho\,l}{4\,r_a}\,;\; d^2 = \frac{\rho\,l}{\pi\,r_a} = \frac{2 \times 9140 \times 10^{-6}}{3,14 \times 0,0291} = \frac{18280}{314 \times 291} = 0,2.$$

La résistivité ρ est prise égale à 2.10^{-6} ohms à cause de la température qui peut atteindre 70°.

$d = 0,447$ soit $0,45$ cm ; le fil recouvert de trois couches de coton gomme laqué aura un diamètre : $d' = 0,45 + 0,09 = 0,54$ cm. Le produit $165 \times 0,54$ étant inférieur au périmètre de l'anneau $\pi D = 3,14 \times 28,60$, il sera possible de loger toutes les spires en une seule couche.

9° *Diamètre de l'anneau bobiné :* $D_1 = D + 2\,d' = 29,70$ cm.

10° *Diamètre d'alésage des pièces polaires :*

$D_2 = D_1 + 2 \times 0,25 = 30,20$ cm (0,25 cm pour le jeu de l'armature).

11° *Entrefer.* — $l_e = \dfrac{D_2 - D}{2} = \dfrac{30,20 - 28,60}{2} = 0,80$ cent.

12° *Densité du courant par millimètre carré dans l'induit :*

$$\Delta = \frac{\frac{1}{2}(1+i)}{100\,\pi\,\dfrac{d^2}{4}} = \frac{2(1+i)}{100\,\pi\,d^2} = \frac{2 \times 116,9}{100 \times 3,14 \times 0,2} = \frac{116,9}{31,4} = 3,72 \text{ amp.}$$

Inducteur. — 1° *Section d'un noyau inducteur :*

$$S_i = \frac{1,42\,\Phi}{\mathcal{B}_i} = \frac{1,42 \times 3,16 \times 10^6}{12000} = \frac{14,2 \times 316}{12} = 374 \text{ cm}^2$$

2° *Diamètre des noyaux :* $\delta^2 = \dfrac{4 \times 374}{3,14} = 476$; $\delta = 21,8$ cm.

3° *Section d'une pièce polaire en fonte.* — Ces pièces ont pour but de concentrer les lignes de force sur le pourtour de l'induit :

$$S_p = 2,8\,s = 2,8 \times 1,86 = 521 \text{ cm}^2.$$

4° *Induction dans les pièces polaires :*

$$\mathcal{B}_p = \frac{\Phi}{S_p} = \frac{1,42 \times 3,16 \times 10^6}{521} = \frac{142 \times 31600}{521} = 8610 \text{ gauss.}$$

5° *Induction dans la culasse.* — La section de la culasse sera un carré de côté λ : $S_c = \lambda^2 = 22,90^2 = 525$ cm² et l'induction

$$\mathcal{B}_c = \frac{142 \times 31600}{525} = 8550 \text{ gauss.}$$

6° *Section de l'entrefer.* — On ajoute à la surface polaire qui occupe un angle de $\dfrac{2\pi}{3}$, deux bandes latérales égales aux 0,8 de l'épaisseur de l'entrefer. La section de l'entrefer sera donc :

$$S_e = \pi\left(\frac{D_2+D}{2}\right)\frac{2\pi\lambda}{3 \times 2\pi} + 2 \times 0,8 \times l_e \times \lambda = \frac{\pi}{6}(D_2+D)\lambda + 1,6\,l_e\,\lambda = 1,047 \times 29,4 \times 22,90 + 1,6 \times 0,80 \times 22,90$$

$$S_e = 705 + 29,3 = 734 \text{ cm}^2.$$

Réluctances du circuit magnétique. — On détermine sur un dessin du circuit magnétique de la dynamo, les longueurs moyennes des lignes de force à travers les différentes parties du circuit. Soient $L_a = 24^c$, $L_p = 12^c$, $L_i = 128^c$, $L_c = 30,25$, ces différentes longueurs;

L_p comprend le parcours moyen à travers les deux pièces polaires et L_i à travers les deux noyaux inducteurs ; L_i est compté du milieu des pièces polaires au milieu de la section de la culasse.

$$1° \; Armature : \Re_a = \frac{L_a}{\mu\,S_a} = \frac{24}{161 \times 186} = 0,000801 \; \text{œrsted.}$$

$$2° \; Entrefer : \Re_e = \frac{2\,l_e}{S_e} = \frac{2 \times 0,80}{734} = 0,00109 \qquad »$$

$$3° \; Pièces\; polaires : \Re_p = \frac{L_p}{\mu\,S_p} = \frac{12}{81 \times 521} = 0,000284 \; »$$

$$4° \; Inducteur : \Re_i = \frac{L_d}{\mu\,S_i} = \frac{128}{1412 \times 374} = 0,000242 \; »$$

$$\mu = 1412 \;\text{pour}\; \mathfrak{B}_i = 12000 \;\text{dans le fer forgé.}$$

$$5° \; Culasse : \Re_c = \frac{L_c}{\mu\,S_c} = \frac{30,25}{83 \times 525} = 0,000694$$

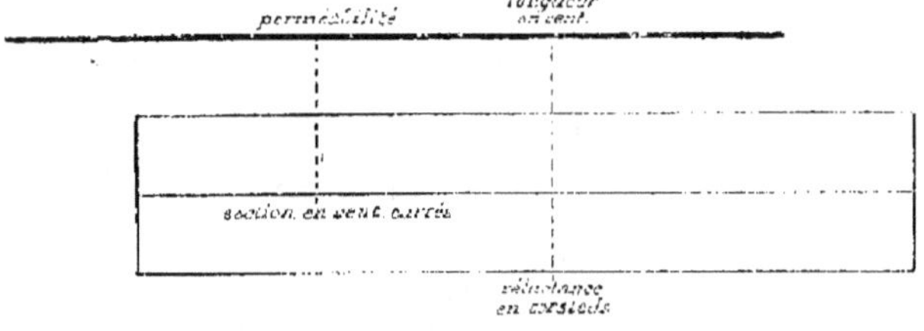

Réaction d'induit :

$$f = \frac{4\,\pi}{30}\, n\,(1 + i) = 0,419 \times 165 \times 116,9 = 8080 \;\text{gilberts.}$$

Force magnétomotrice en ampères-tours :

$$1,256\; Ni = \Phi\,(\Re_a + \Re_e) + 1,42\,\Phi\,(\Re_p + \Re_i + \Re_c) + f.$$

$$Ni = \frac{3,16 \times 10^6}{1,256}\left(0,000801 + 0,00109\right) + \frac{1,42 \times 3,16 \times 10^6}{1,256}\left(0,000284 + 0,000242 + 0,000694\right) + \frac{8080}{1,256}$$

$$Ni = \frac{31,6 \times 189}{1,256} + \frac{1,42 \times 31,6 \times 122}{1,256} + \frac{8080}{1,256} = 4760 + 4360 + 6430 = 15550 \;\text{ampères-tours.}$$

Pour tenir compte des joints, on multiplie ce nombre par 1,03.
$15550 \times 1,03 = 16020$, ce qui donne $\dfrac{16020}{2} = 8010$ ampères-tours pour chaque bobine.

Résistance du circuit inducteur. — $r_d = \dfrac{e}{i} = \dfrac{75}{6,9} = 10,87$ ohms; les bobines étant en série, chacune d'elles aura une résistance de 5,435 ohms.

Nombre de spires d'une bobine. — $N' = \dfrac{8010}{6,9} = 1162$ spires.

Huit couches superposées de 150 spires chacune formeront une épaisseur d'environ 2 cm, en fil de diamètre 0,230 cm recouvert (0,170 nu). La densité du courant sera de 0,52 amp. par millimètre carré de section.

On peut se donner arbitrairement l'épaisseur de la bobine, en déduire la longueur moyenne du fil, puis en calculer le diamètre au moyen d'une équation du second degré. En supposant que les spires soient juxtaposées sans intervalle sensible, on a : (37,7 étant la hauteur utile du noyau pour l'enroulement et u l'épaisseur de la bobine):

$$\frac{37,7\,u}{(d'+0,06)^2} = 1162$$

et $\dfrac{r_d}{2} = 5,435 = 2 \times 10^{-6}\,\dfrac{1162}{S_d}\,l_s$; $l_s = \pi\left(21,8 + u\right)$; d'où, on tirera d' par élimination.

L'échauffement des inducteurs, d'après M. Esson, est $t = \dfrac{355\,w}{S}$ (w watts absorbés par la résistance, S surface extér^{re} de refroidiss^{mt}.)

$$l = \frac{355 \times 75 \times 6,9}{2 \times 3,14 \times 25,8 \times 37,7} = 30^{\circ} \qquad \left(25,8 = 21,8 + 2\,u\right)$$

On peut se rendre compte, par cet exemple, de l'utilité de la règle dans l'étude d'un projet où l'on a souvent, en général, à refaire les calculs primitifs pour être en accord avec les exigences de la pratique ; on voit ainsi, immédiatement, l'influence de la variation de chaque facteur et on diminue de beaucoup les tâtonnements. Il faut remarquer aussi, combien fréquemment se présentent les opérations $a \times b \times c$ et $\dfrac{a}{b \times c}$ et l'avantage qu'il y a, au point de vue de la rapidité et de l'exactitude à les résoudre par un seul déplacement de la réglette.

51. — Un foyer lumineux est placé sur un candélabre à 2,35 m de hauteur. On demande l'éclairement en un point d'une surface horizontale située à 1,85 m du pied du candélabre et à 1,25 m de hauteur ; l'intensité lumineuse, dans cette direction, étant de 43,5 bougies.

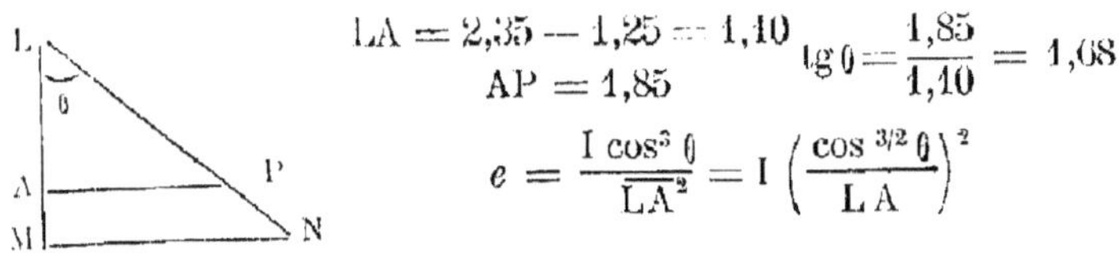

$$LA = 2,35 - 1,25 = 1,10 \qquad \operatorname{tg} \theta = \frac{1,85}{1,10} = 1,68$$

$$AP = 1,85$$

$$e = \frac{I \cos^3 \theta}{\overline{LA}^2} = I \left(\frac{\cos^{3/2} \theta}{LA} \right)^2$$

Ayant calculé $\operatorname{tg} \theta$, on trouve $\cos^2 \theta$ par un déplacement de la réglette retournée : $\cos^2 \theta = 0,261$.

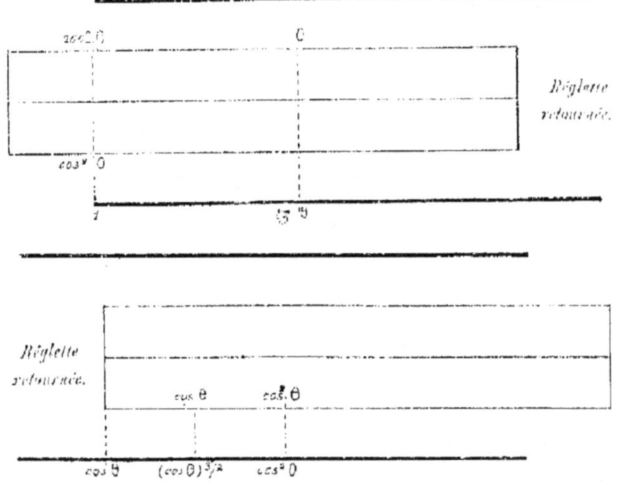

Par un second mouvement de la réglette, on obtient :

$$(\cos \theta)^{3/2} = 0,2048.$$

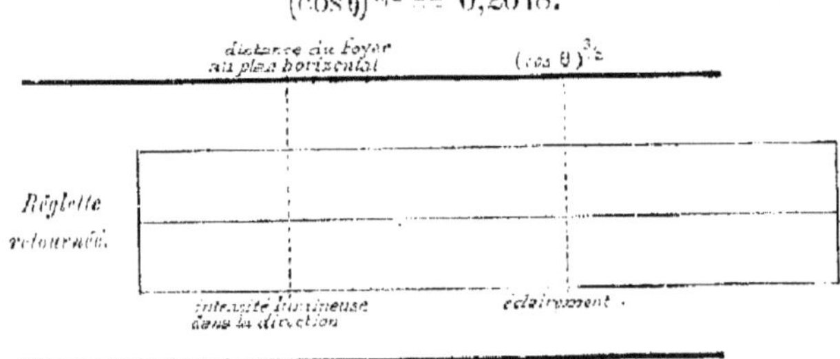

Un dernier mouvement suffit pour l'opération $e = I \left(\dfrac{\cos^{3/2} \theta}{LA} \right)^2$

$e = 43,5 \left(\dfrac{0,2048}{1,10} \right)^2 = 1,505$, soit l'éclairement de 1,5 bougie, à 1 mètre.

CHIMIE ANALYTIQUE ET INDUSTRIELLE.

Détermination de la formule chimique d'un corps.

52. — On se propose d'établir la formule d'un acide organique monobasique. Soit a le poids de gaz carbonique et b celui d'eau obtenue avec le poids p du corps séché à 100°. D'autre part, un poids p' du sel d'argent sec a donné P d'argent. Les poids atomiques du carbone, de l'hydrogène, de l'oxygène et de l'argent sont respectivement 12 ; 1 ; 16 ; 108.

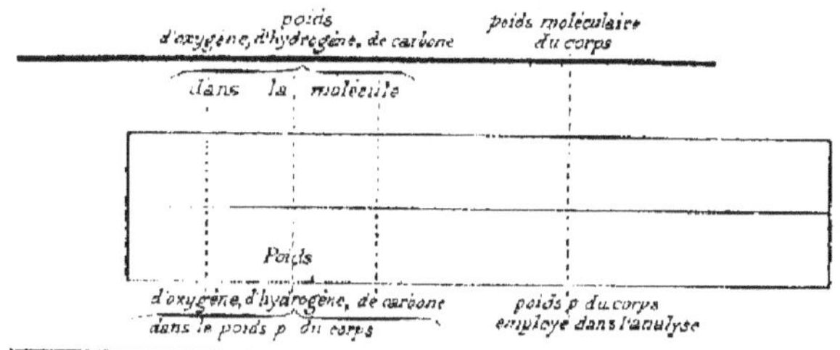

La proportion de carbone contenue dans p du corps est : $\left(\dfrac{3a}{11} \right)$; celle d'hydrogène : $\left(\dfrac{b}{9} \right)$; et celle d'oxygène : $\left(p - \dfrac{3a}{11} - \dfrac{b}{9} \right)$.

Le poids de sel d'argent qui contient un atome d'argent évalué en grammes est $\dfrac{108\,p'}{P}$; le poids moléculaire de l'acide est donc

$$\frac{108\,p'}{P} - 107.$$

La proportion de carbone contenu dans une molécule de cet acide est $C = \dfrac{3a}{11\,p} \left(\dfrac{108\,p'}{P} - 107 \right)$; celle d'hydrogène :

$$H = \frac{b}{9\,p} \left(\frac{108\,p'}{P} - 107 \right) ;$$ enfin celle d'oxygène :

$$O = \frac{\left(p - \dfrac{3a}{11} - \dfrac{b}{9}\right)}{p}\left(\frac{108\,p'}{P} - 107\right)$$

Il faut calculer séparément $\left(\dfrac{108\,p'}{P} - 107\right)$, $\left(\dfrac{3a}{11}\right)$, $\dfrac{b}{9}$; le calcul de C, H et O ensemble ne demande plus qu'un seul mouvement de la réglette.

Application numérique :

$$p = 0,381 \; ; \; a = 0,958 \; ; \; b = 0,1698 \; ; \; p' = 0,429 \; ; \; P = 0,202$$

$1°\ \dfrac{108\,p'}{P} - 107 = \dfrac{108 \times 0,429}{0,202} - 107 = 229,3 - 107 = 122,3$

$2°\ \dfrac{3\,a}{11} = \dfrac{3 \times 0,958}{11} = 0,261$

$3°\ \dfrac{b}{9} = \dfrac{0,1698}{9} = 0,01887 \; ; \; p - \dfrac{3a}{11} - \dfrac{b}{9} = 0,101$

$4°\ C = \dfrac{3\,a}{11\,p}\left(\dfrac{108\,p'}{P} - 107\right) = \dfrac{0,261 \times 122,3}{0,381} = 83,8$

$5°\ H = \dfrac{b}{9}\left(\dfrac{108\,p'}{P} - 107\right) = \dfrac{0,01887 \times 122,3}{0,381} = 6,06$

$6°\ O = \dfrac{\left(p - \dfrac{3a}{11} - \dfrac{b}{9}\right)\left(\dfrac{108\,p'}{P} - 107\right)}{p} = \dfrac{0,101 \times 122,3}{0,381} = 32,4$

En remplaçant 83,8 ; 6,06 et 32,4 par 84 ; 6 et 32, la formule peut s'écrire $C^7 H^6 O^2$, c'est celle de l'acide benzoïque.

Essai d'un chlorure.

53. — On fait l'essai d'un chlorure au moyen d'une solution d'azotate d'argent décime ; on titre d'abord cette solution, en précipitant complètement 10 cc par l'acide chlorhydrique. Le précipité, lavé et séché à l'abri de la lumière, pèse $p = 0,138$ gr. Puis, dans 25 cc d'une solution neutralisée de 1 gr. du chlorure à essayer dans 250 cc d'eau, on verse quelques gouttes d'une solution saturée de chromate de potasse et, ensuite, au moyen d'une burette graduée, la liqueur d'azotate d'argent, jusqu'à coloration rouge, soit $n = 8,3$ cc. Quel est

le poids de chlore contenu dans 1gr du chlorure ; le poids atomique du chlore étant 35,5 et le poids moléculaire du chlorure d'argent 143,5.

En supposant que l'on ait essayé du sel d'étain ($Cl^2 Sn + 2 H^2 O$) dont le poids moléculaire est 225, en déterminer le titre.

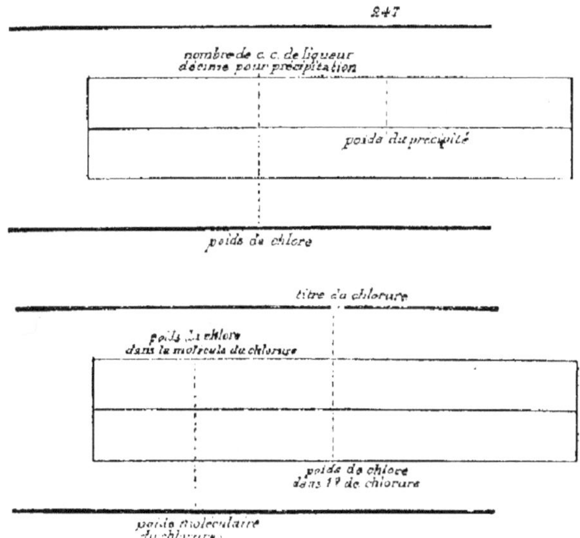

Le chlorure d'argent contient $\dfrac{35,5}{143,5} = 0,247$ pour 1 gr, soit 24,7 % de chlore.

Le poids de chlore cherché est

$$x = 0,247 \; n{:}p. = 0,247 \times 8^{cc}3 \times 0,138 = 0,283.$$

Le titre est : $y = \dfrac{x}{\dfrac{71}{225}} = \dfrac{225 \times 0,283}{71} = 0,897$, c'est-à-dire qu'il y

a 89,7 % de sel d'étain.

Teneur en azote
d'un engrais. 54. — Calculer le poids d'azote d'un engrais par la méthode de M. Dumas ; le volume du gaz contenu dans l'éprouvette, à la fin de l'opération, est 43,8 cc ; la température 16° et la pression baromé- trique 770 mm.

— 84 —

Le poids de 1 cc d'azote pur à 0° et à 760 mm est 0,0012544 gr ; il est à la pression de 1 mm et à la température de $t = 16°$:

$$n = \frac{0,0012544}{760 \, (1 + 0,00367 \times 16)} = 0,000001555$$

Ce nombre sera calculé, généralement une fois pour toutes, pour les températures ordinaires ; on a ensuite :

$$P = V \, (H - f) \, n = 13,8 \, (770 - 13,5) \times 0,000001555 =$$
$$13,8 \times 756,5 \times 0,000001555 = 0,01623 \, \text{gr}.$$

On a trouvé, dans les tables de Regnault, la force élastique maxima de la vapeur d'eau à 16° : $f = 13,5$.

Supposons que le poids de substance, sur lequel on a expérimenté, soit $p = 0,382$ gr, la proportion d'azote sera $\frac{16,23}{382} = 0,0425$ soit 4,25 %.

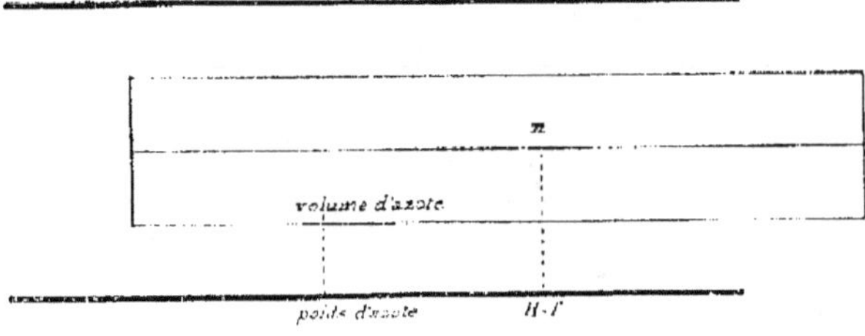

55. — Pour obtenir une mousse persistante dans un certain volume prélevé sur une solution de 0,55 gr de chlorure de baryum dans un litre d'eau, on a dû verser 1,95 cc d'une solution alcoolique de savon.

Dans le même volume d'un mélange de 1/4 d'une eau à essayer avec 3/4 d'eau distillée, on a produit la mousse avec 2,43 cc de la même solution savonneuse.

On demande le degré hydrotimétrique de cette eau.

Nous emploierons la formule, suffisamment approchée :

$$\frac{23}{P} = \frac{x+1}{n\,p} \; ; \quad n = 4 \; ; \quad p = 2,43 \, \text{cc} \; ; \quad P = 1,95 \, \text{cc} \; ; \quad 4 \times 2,43 = 9,72$$

$$\frac{23}{195} = \frac{x+1}{972} \; ; \quad x + 1 = 114°,7$$

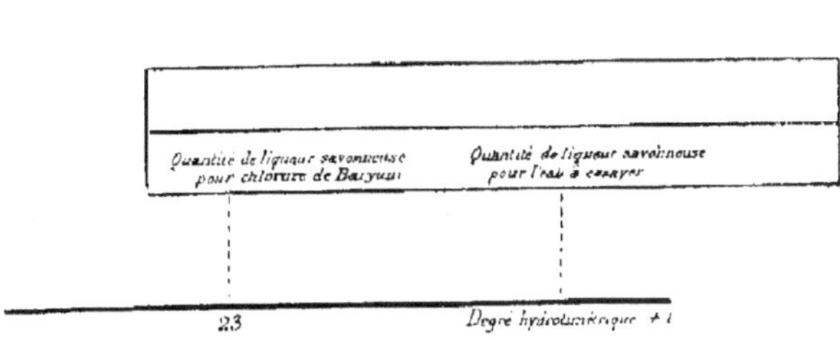

Une seule position de la réglette suffit pour une série d'essais avec la même liqueur savonneuse.

Analyse du lait. 56. — En désignant par 1000 + D la densité d'un lait non écrémé, par 1000 + D′ celle du lait écrémé, par 1000 + d celle du sérum, par E l'extrait sec %, par e l'extrait sec du sérum, par p la proportion de beurre %, par l celle de lactose, on sait que les valeurs moyennes des constantes

	D	D′	d	E	e	p	l
sont respectivement :	32	35	30	13	7	4	5
et leurs valeurs minima :	29	32	27	11	6,7	2,7	4,5
On a obtenu les résultats suivants :	28	30	26	11,6	6,3	2,8	4,04

On demande la proportion d'eau ajoutée à ce lait.

On lira les résultats sur l'échelle inférieure de la réglette et on leur fera correspondre les valeurs moyennes, ou minima, des constantes lues sur l'échelle inférieure ; on ne tiendra compte de E et de p que pour un lait entier. La proportion de lait pur contenue dans 100 parties du mélange se trouvera, sur la réglette, en regard du dernier indicateur de la règle. Le nombre obtenu varie suivant la constante prise pour base de l'évaluation, la valeur moyenne ou la valeur minima ; la règle permet de faire simultanément la comparaison des valeurs à adopter pour obtenir un chiffre concordant avec les résultats d'expérience.

Dans l'exemple choisi, le mouillage peut être affirmé, l'extrait sec et la densité du sérum et la proportion de lactose étant au dessous des valeurs minima. La proportion de lactose qui donne le résultat le plus défavorable, comparée avec le minimum, conduit à évaluer le mouillage à 10 %, le chiffre trouvé pour le lait étant 90.

Sans déplacer la réglette, les valeurs correspondantes des constantes de ce lait avant mouillage, lues sur la règle seront :

$$D \quad D' \quad d \quad E \quad c \quad p$$
$$31 \quad 33,5 \quad 29 \quad 12,9 \quad 7 \quad 3,4$$

Elles sont comprises entre les moyennes et les minima et par conséquent admissibles. Elles comportent, comme il convient, une tolérance assez large, dans l'évaluation de la fraude.

L'écrémage, pour un lait moyen, non mouillé, sera donné par le rapport $\frac{p}{4}$.

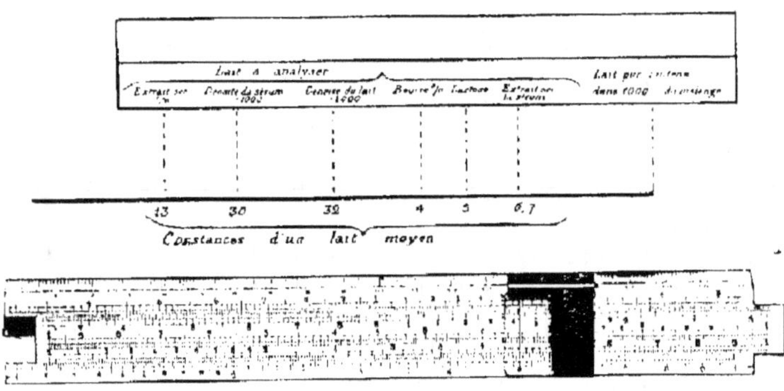

Analyse du beurre.

57. — Dans un vase d'Erlenmeyer, on introduit un poids p de beurre fondu et filtré et 30 cc d'une solution alcoolique de potasse caustique ; après saponification à froid, on ajoute quelques gouttes de phénolphtaléine et une solution d'acide phosphorique ($PO^4 H^3$) jusqu'à neutralisation, soit n' cc.

On évapore à siccité, on ajoute encore 50 cc de la solution de $PO^4 H^3$ et 50 cc d'eau ; on distille pour recueillir 112 cc dont on prélève 100 cc qu'on additionne de 10 cc de la liqueur de saponification et de quelques gouttes de phénolphtaléine ; cette liqueur exige N cc de $PO^4 H^3$ pour sa neutralisation.

D'autre part, on a titré la solution de $PO^4 H^3$ et on l'a trouvé $\frac{normale}{z}$; de plus m cc de cette liqueur neutralisent 10 cc de la liqueur de saponification.

Une expérience faite à blanc (sans beurre) a donné n_0 et N_0 (n_0 est un peu inférieur à $3\,m$ par suite de la carbonatation et $N_0 = m - c'$).

En désignant par C une constante, par K l'indice de saponification (ou de Kœttstorfer) nombre de mm de potasse caustique pour saponifier 1 gr. de beurre, par RM (indice de Reichert-Meissl) le nombre de cc de potasse décinormale pour saturer les acides gras volatils et solubles de 5 gr. de beurre, on a :

$$G = \frac{0,0561}{x} \quad \text{et} \quad \frac{G}{p} \cdot \frac{K}{n_0 - n} = \frac{1}{1000\,(m - c)} \cdot \frac{RM}{N}$$

(*Laboratoire municipal de Roubaix*).

Application : $\alpha = 3,5$; $p = 2,790$ gr ; $n_0 = 15,4$ cc ; $m = 15,5$ cc ; $c = 0,2$ cc ; $n = 9$ cc ; $N = 13,1$ cc.

$$C = \frac{0,0561}{3,5} = 0,01603 ; \quad \frac{0,01603}{2,790} \cdot \frac{K}{36,4} = \frac{RM}{2,2} \times \frac{1}{1000}$$

Par un seul mouvement de la réglette, on trouve :

$$R = 0,209 \qquad RM = 12,65 \text{ cc.}$$

En adoptant pour la margarine les valeurs K = 0,195 et RM = 4,2 cc et pour le beurre pur K = 0,226 et RM = 27 cc, la proportion de beurre pur contenu dans l'échantillon soumis à l'essai est :

1° D'après la valeur de K : $\dfrac{K - 0,195}{0,226 - 0,195} = \dfrac{14}{31} = 45,1\,^0/_0$

2° D'après la valeur de RM $\dfrac{RM - 4,2}{27 - 4,2} = \dfrac{11,45}{25,8} = 44,3\,^0/_0$

Ce qui est suffisamment concordant.

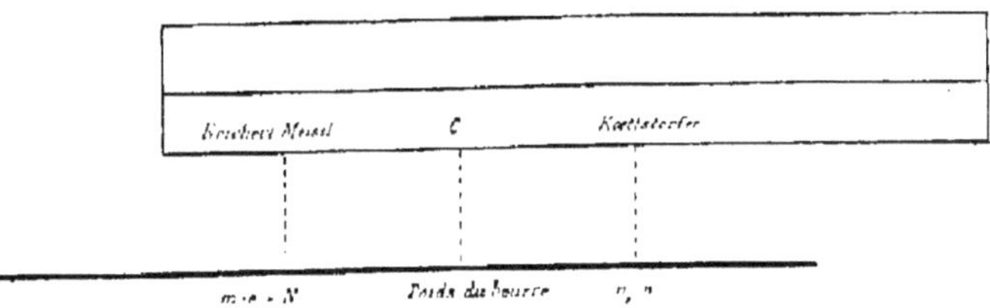

Degré de fermentation d'une bière.

58. — On demande le degré de fermentation d'une bière, sachant que son degré alcoolique est A et son extrait E %.

On obtiendra le degré de fermentation par la formule :

$$f = 100 \left(1 - \frac{1 + 0,010665\,A}{1 + 2,0665\,\dfrac{A}{E}} \right)$$

Nous rendrons cette formule plus commode pour l'emploi de la règle en la transformant comme suit :

$$f = 100 \left(1 - \frac{1 + \dfrac{2,066\,A}{193,8}}{1 + \dfrac{2,066\,A}{E}} \right)$$

les deux opérations $\dfrac{2,066\,A}{193,8}$ et $\dfrac{2,066\,A}{E}$ se feront simultanément par un seul mouvement de la réglette.

Application : $\quad$ A = 5,4 % ; $\quad$ E = 5,96 % .

$$f = 100 \left(1 - \frac{1 + \dfrac{2,066 \times 5,4}{193,8}}{1 + \dfrac{2,066 \times 5,4}{5,96}} \right) = 100 \left(1 + \frac{1,0544}{2,768} \right) = 100\,(1 - 0,381) = 61,9\%$$

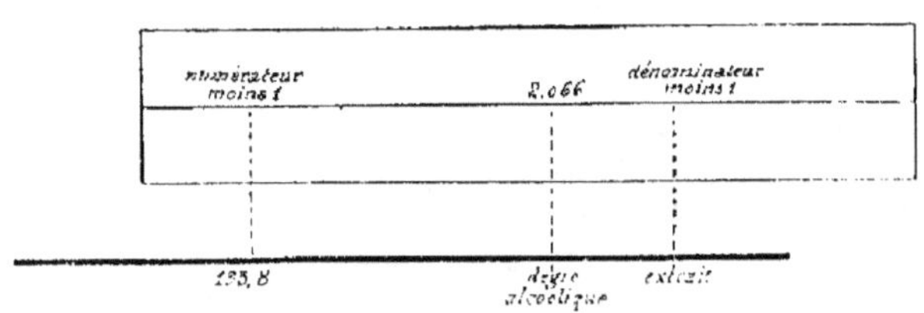

Calcul du temps de pose.

59. — Calculer un temps de pose photographique, connaissant le coefficient de pose des plaques ($a = 0,02$), celui relatif à l'éclairement ($b = 2,7$), celui relatif au sujet ($c = 4,5$), enfin la distance focale principale ($f = 0,179$) et le diamètre du diaphragme ($d = 0,0154$).

On a $T = a \times b \times c \times \dfrac{f^2}{100\,d^2} = \dfrac{0,02 \times 2,7 \times 4,5}{100} \left(\dfrac{0,179}{0,0154} \right)^2$

Une première opération avec la règle donne le produit $a \times b \times c$, qu'il est plus simple d'ailleurs de résumer pour les plaques adoptées en une table (genre table Dorval) ; d'ailleurs, il faudrait, en tous cas, avoir recours à une table pour déterminer séparément b et c.

Le calcul se réduit alors à la multiplication d'un facteur par le quotient de deux carrés ; on le fait avec la réglette retournée.

$$a \times b \times c = 0{,}02 \times 2{,}7 \times 4{,}5 = 0{,}243.$$

$$T = \frac{0{,}243}{100} \left(\frac{0{,}179}{0{,}0154}\right)^2 = 0{,}328 \text{ seconde.}$$

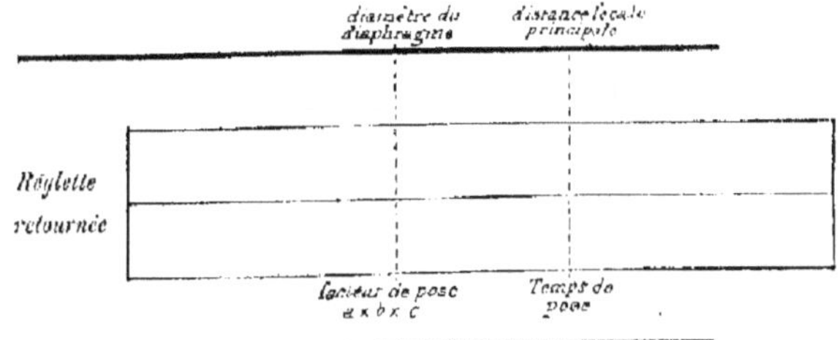

Si on donne le diaphragme en fonction de la distance focale

$$d = \frac{f}{n}, \text{ on a simplement : } T = \frac{a\,b\,c}{100} \times n^2$$

INDUSTRIE TEXTILE.

60. — Dans un banc à broches en gros, on donne le nombre de tours de la poulie de transmission ($m = 254$) par minute, le diamètre de cette poulie ($d = 0{,}45$ m), le diamètre de la poulie de l'arbre (A) de commande du métier (D $= 0{,}38$ m), le nombre de dents du pignon de commande calé sur cet arbre ($e = 50$). La transmission du mouvement à l'arbre (C) du cylindre étireur se fait par un arbre (B) intermédiaire dont la roue menée (E), a 30 dents et le pignon de commande (e') 49 ; la roue menée (E') de l'arbre du cylindre étireur a 125 dents ; cet arbre commande, par un pignon (e'') de 28, une tête de cheval ayant une roue (E'') de 90 et un pignon (e''') (variable) de 36, actionnant une roue (E''') de 56 calée sur l'arbre (C') du cylindre alimentaire. Les diamètres (δ) des cylindres étireur et alimentaire sont

tous deux égaux à 0032 m. On sait de plus que l'ailette fait $n = 2,8$ tours pour 1 tour du cylindre. On demande de calculer :

1° Le développement ou longueur de mèche fournie par minute;

2° La torsion de cette mèche ;

3° Le numéro obtenu, sachant que le n° fourni est 6 et que l'on réunit 4 mèches.

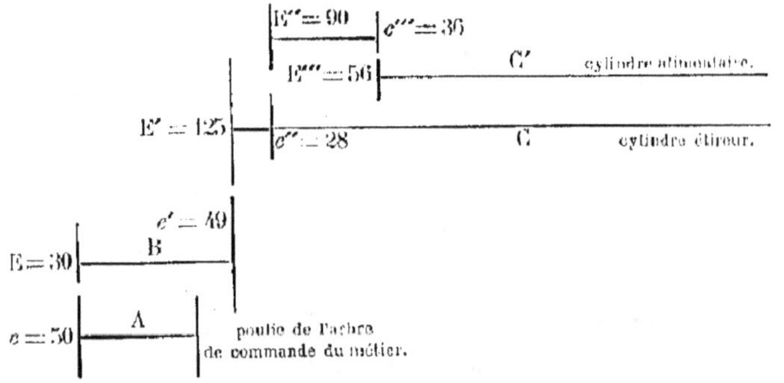

Le nombre de tours par minute du cylindre alimentaire est :

$$x = \frac{m \times d \times e \times e' \times e'' \times e'''}{D \times E \times E' \times E'' \times E'''}$$

le nombre de tours du cylindre étireur :

$$y = \frac{m \times d \times e \times e'}{D \times E \times E'}$$

la formule générale donnant le nombre de tours d'un arbre étant :

$$\frac{n \times \text{roues menantes intermédiaires}}{\text{roues menées}} \qquad »$$

Le développement se calcule par la formule $\Delta = \pi \delta y$

$$\Delta = 254 \times \frac{45}{38} \times \frac{50}{30} \times \frac{49}{125} \times 3,14 \times 0,032 = \left(254 \times \frac{45}{38}\right)\left(\frac{50}{30}\right)\left(\frac{49}{125}\right)\left(3,14 \times 0,032\right)$$

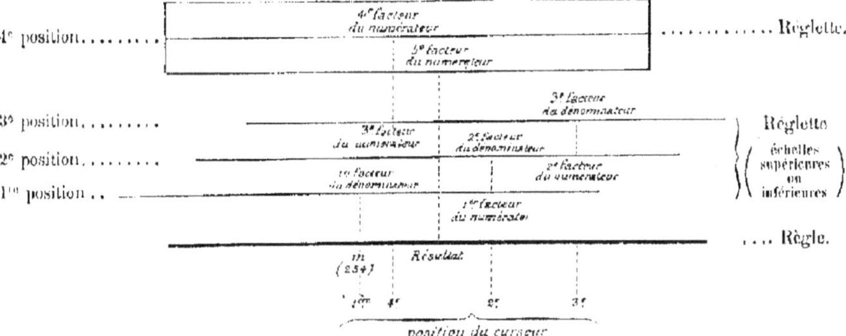

Il exige 4 déplacements de la réglette; il est tout indiqué d'utiliser le curseur, afin d'éviter les lectures des résultats intermédiaires; tous les facteurs, sauf l'un d'eux soit 254, seront lus sur la réglette.

On trouve ainsi $\Delta = 19{,}75$ mètres.

La torsion, par centimètre, est :

$$\frac{n}{\pi\,\delta} = \frac{2{,}8}{3{,}14 \times 3{,}2} = 0{,}2787, \text{ soit } 0{,}28.$$

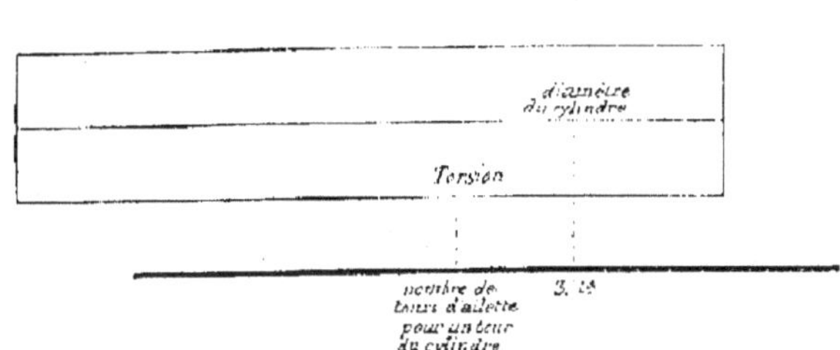

L'étirage (ε) est le rapport entre la longueur de mèche fournie par le cylindre étireur et celle fournie par le cylindre alimentaire

$$\text{ou } \varepsilon = \frac{y}{x} = \frac{E'' \times E'''}{e'' \times e'''} = \frac{90 \times 56}{28 \times 36} = 5;$$ il s'obtient par deux déplacements de la réglette.

Le pignon (e''') varie suivant l'étirage (ε) à obtenir; on a :

$$e''' = \frac{90 \times 56}{28 \times \varepsilon} = \frac{180}{\varepsilon}$$

4 mèches de n° 6 réunies donnent avec l'étirage 5 le n° $\dfrac{4 \times 6}{5} = 4{,}8.$

Conditionnement
de
laine peignée.

61. — Connaissant le poids primitif 4920 kg. d'un lot de laine peignée et son humidité 22,5 %, on demande son poids conditionné à la reprise 18,25 %.

Soient C le poids conditionné, P le poids primitif, x l'humidité, R la reprise, on a :

$$C = P\left(1 - \frac{x}{100}\right)\left(1 + \frac{R}{100}\right); \; C = 4920 \times \frac{77,5}{100} \times \frac{118,25}{100} = 4510\,\text{kg}$$

Un calcul exact donnerait 4508,87.

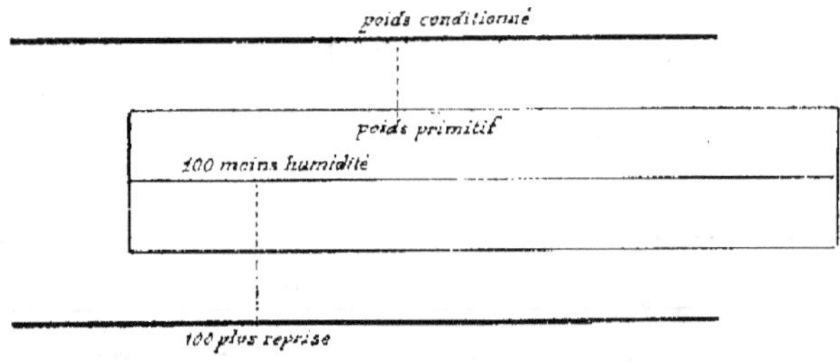

Nombre
de croisures
d'un
tissu diagonale.

62. — Quel est le nombre de croisures au quart de pouce (ou au centimètre) d'un sergé de 4 ayant 15 duites et 18 fils sur la même longueur.

Le problème se résout par la formule $K = \dfrac{F}{m}\sqrt{1 + \dfrac{D^2}{F^2}}$; il exige trois opérations :

1° Calcul de $\dfrac{D}{F} = tg\,\varphi$; $tg\,\varphi = \dfrac{15}{18} = 0,833$ le numérateur étant sur la règle, l'angle φ se lira au revers sur l'échelle des tangentes en regard du trait de l'entaille de droite.

2° Recherche de séc φ. — On retourne la réglette et on la déplace jusqu'à ce que l'angle φ lu sur l'échelle des sinus soit en regard du rapport $\dfrac{D}{F}$, lu sur l'échelle inférieure de la règle. — Séc φ correspond alors sur la règle au premier indicateur de la réglette ; on trouve séc $\varphi = 1,298$.

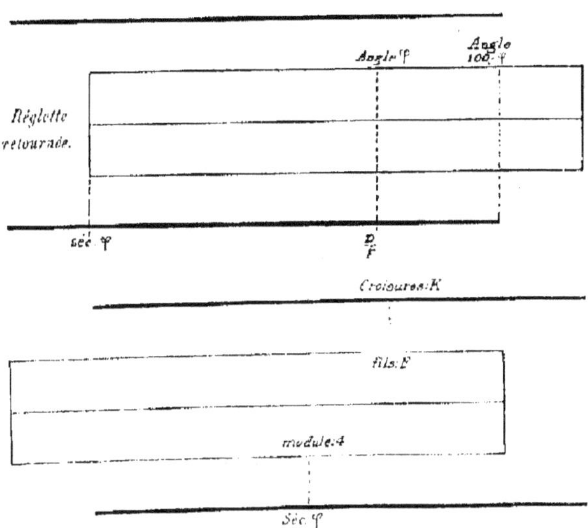

3° On fixe séc φ avec le curseur ; on remet la réglette dans sa position ordinaire ; *m* sur la réglette correspondant à séc φ sur la règle, le résultat se lira, sur la règle, en regard de F sur la réglette :

$$\frac{K}{F} = \frac{\sec \varphi}{m} \; ; \; \frac{K}{18} = \frac{1,298}{4} \; ; \; K = 5,84$$

Soit environ 6 croisures.

63. — Calcul du prix de revient, au mètre, d'un tissu. — Chaîne laine (5,50 fr. le kg.) de 2380 fils, ourdie sur 100 mètres. — Laine n° 28 (n° 1420 m au kg.)

Trame laine (7,25 le kg) ; largeur au peigne 0,85 m ; laine n° 34 (n° métrique) — 12 duites au quart de pouce.

Prix de façon : 0 fr. 038 les mille duites.

Teinture : 0 fr. 25 du mètre.

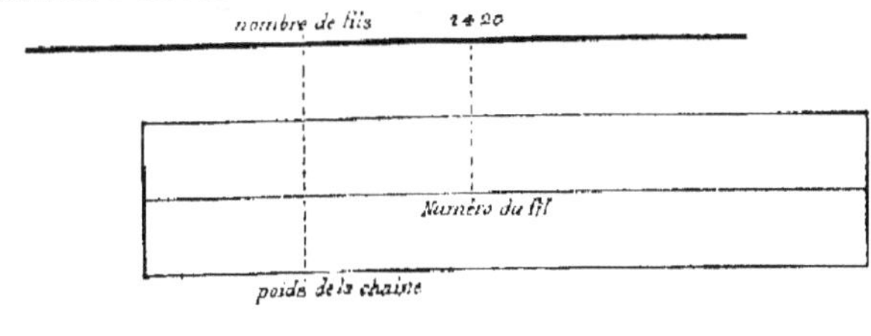

Solution. — Poids net de la chaîne : $P = \dfrac{238000}{1420 \times 28} = 5,990$ kg.

(A cause des déchets de préparation, le poids P' de matière réellement employée est : $P' = 1,1\, P = 1,1 \times 5,990 = 6,590$ kg, on l'obtiendrait directement en remplaçant dans le calcul précédent le diviseur 1420 par 1291).

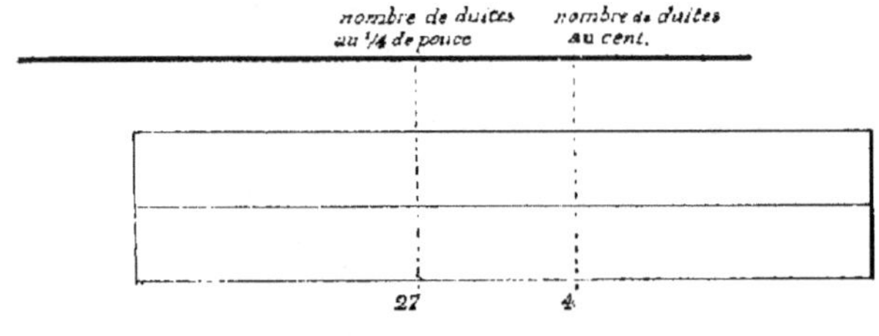

2° Conversion du nombre de duites au quart de pouce, en nombre de duites au centim. : $n = \dfrac{4 \times 12}{27} = 17,8$ soit 18 duites.

3° Poids de la trame :

$$p = \frac{\text{largeur} \times \text{duitage au cent.} \times \text{longueur}}{\text{numéro métrique} \times 1000} = \frac{85 \times 18 \times 100}{34 \times 1000} = \frac{85 \times 18}{34 \times 10} = 4,500 \text{kg}$$

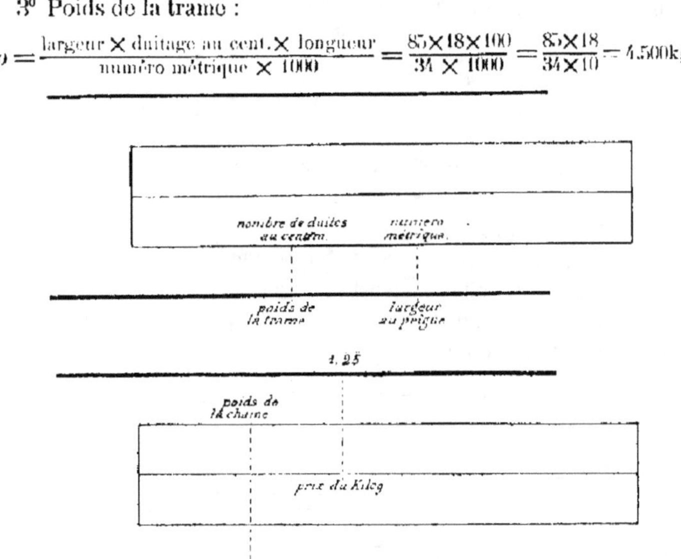

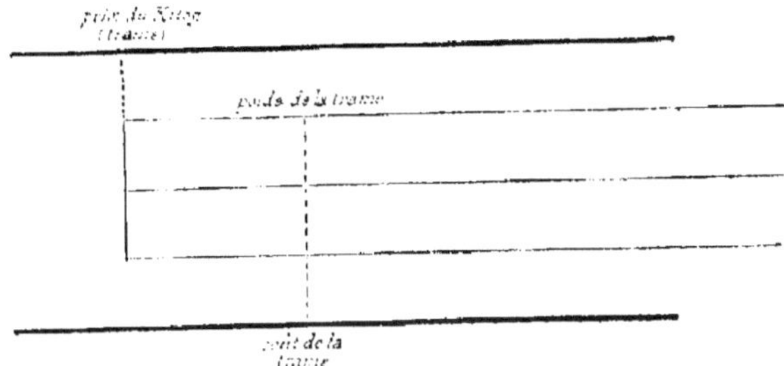

Dans le calcul du prix de revient, le prix de la chaîne doit subir une majoration pour tenir compte des déchets de préparation, du bobinage, de l'ourdissage, de l'encollage, de la perte au tissage, du retrait en teinture et de l'embuvage. On peut l'évaluer à 25 % environ; on multipliera donc le prix, calculé d'après le poids net, par le facteur 1,25.

4° Prix de revient :

$$\text{Chaîne} = 1,25 \times P \times 5,50 = 1,25 \times 5,900 \times 5,50 = 41,20$$
$$\text{trame} = p \times 7,25 = 4,5 \times 7,25 = \quad\quad\quad = 32,60$$
$$\text{prix de façon} = 10000 \times 18 \times 0,038 = \quad\quad = 6,85$$
$$\text{teinture} = 100 \times 0,25 = \quad\quad\quad\quad\quad = 25$$

$$\text{Prix de revient} \ldots\ldots\ldots = 105,65 \text{ fr.}$$

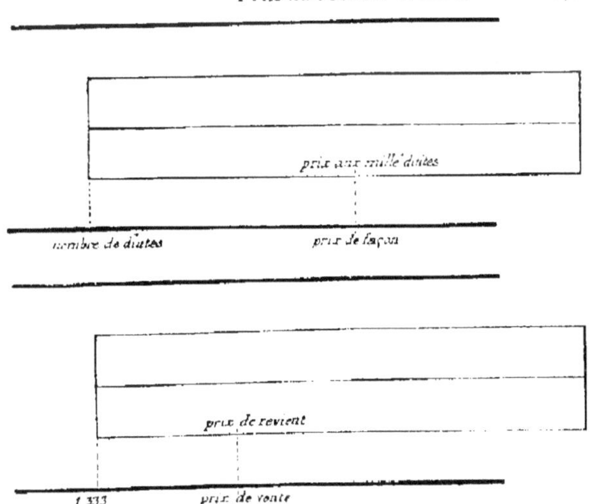

Le prix de vente s'obtiendra en majorant le prix de revient de 1/3 pour frais généraux, escompte et bénéfice.

$$\text{Prix de vente} = \frac{4}{3}\,\text{prix de revient} = \frac{4}{3} \times 105,65 = 140,88\,\text{fr.}$$

Le prix de vente au mètre, ainsi calculé, sera 1,41 fr..

ALGÈBRE.

Équation du second degré.   64. — Trouver deux nombres dont la somme soit 13 et le produit 40.

Les deux nombres sont les racines de l'équation du second degré

$$x^2 - 13\,x + 40 = 0.$$

1er procédé. — Ayant mis le premier indicateur de la réglette en regard de 40 lu sur l'échelle supérieure de la règle, on cherche quel nombre de cette échelle forme, avec son correspondant de l'échelle du milieu de la réglette, la somme 13. Il est aisé de voir que les nombres 5 et 8 qui se correspondent sur ces échelles sont les solutions.

Les recherches sont abrégées en remarquant que si les deux facteurs correspondants sont en dehors de l'intervalle des racines, la somme est supérieure à 13, que cette somme est au contraire inférieure à 13 lorsque ces facteurs sont dans l'intervalle des racines, le minimum de la somme étant pour $x' = x'' = \sqrt{40}$.

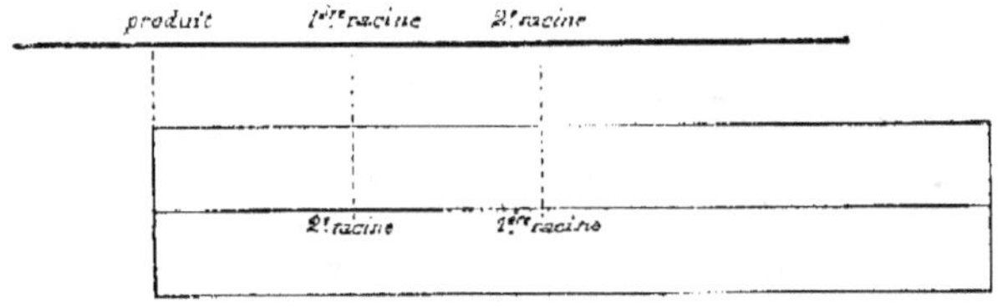

2e procédé. — En posant $\sin^2 \varphi = \dfrac{q}{\left(\dfrac{p}{2}\right)^2}$,

on a : $x' = -p\cos^2\dfrac{\varphi}{2}$ et $x'' = -p\sin^2\dfrac{\varphi}{2}$

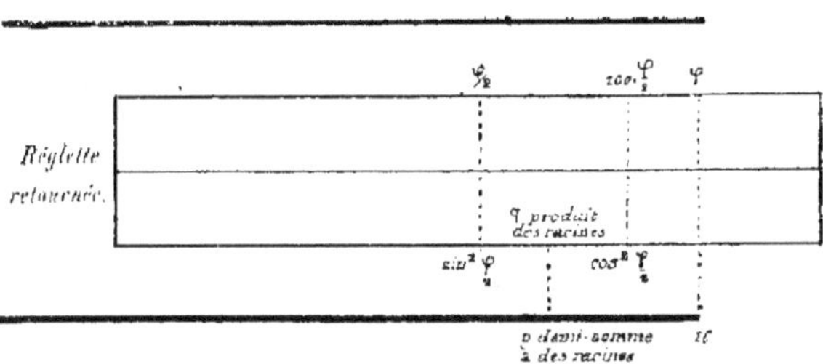

a) $\sin^2 \varphi = \dfrac{40}{65^2}$; $(q = 40)$ sur la réglette retournée correspondant

à 6,5 sur la règle, φ sera en regard d'un indicateur extrême de la règle. On trouve :

$$\varphi = 85^c; \ \text{d'où} \ \frac{\varphi}{2} = 42^c,5 \ \text{et} \ \sin^2 \frac{\varphi}{2} = 0,384 \ ; \ \cos^2 \frac{\varphi}{2} = 0,616.$$

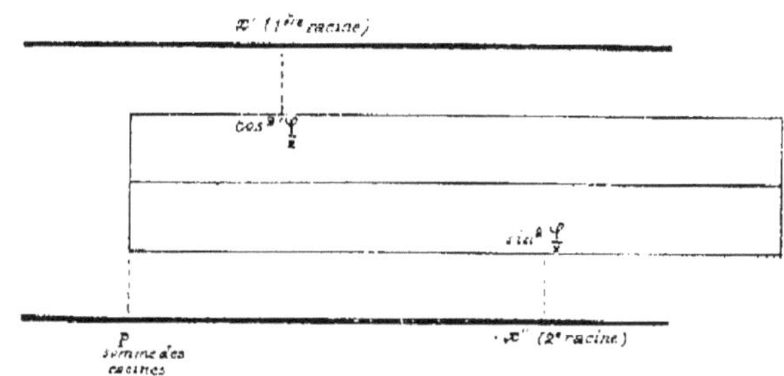

b) On remet la réglette dans sa position normale et on effectue les multiplications :

$$x' = 13 \times 0,616 = 8 \qquad x'' = 13 \times 0,384 = 5$$

par un seul mouvement de la réglette.

Équation
du
troisième degré.

65. — Résoudre l'équation du troisième degré : $x^3 - 7x + 6 = 0$.

1° Posons $\alpha = p \left(\dfrac{2.598}{p}\right)^2 = 7 \left(\dfrac{2.598}{7}\right)^2 = 0,964$ (*réglette retournée*)

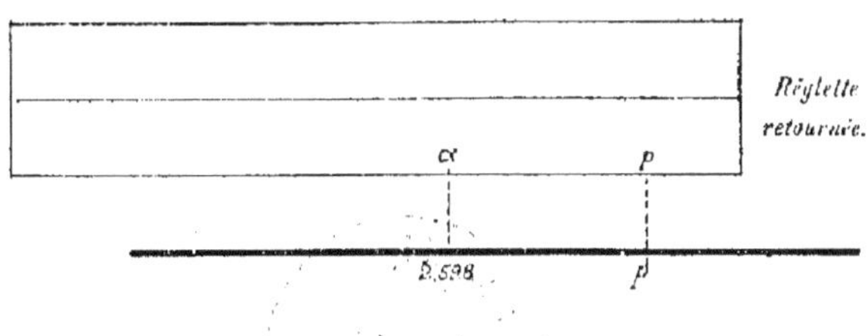

$$2° \qquad \cos^2\varphi = \alpha \left(\frac{q}{p}\right) = 0{,}964 \left(\frac{6}{7}\right)^2 = 0{.}708$$

$$\sin^2\varphi = 0{,}292; \quad \varphi = 36^c{,}32; \quad \frac{\varphi}{3} = 12^c{,}11$$

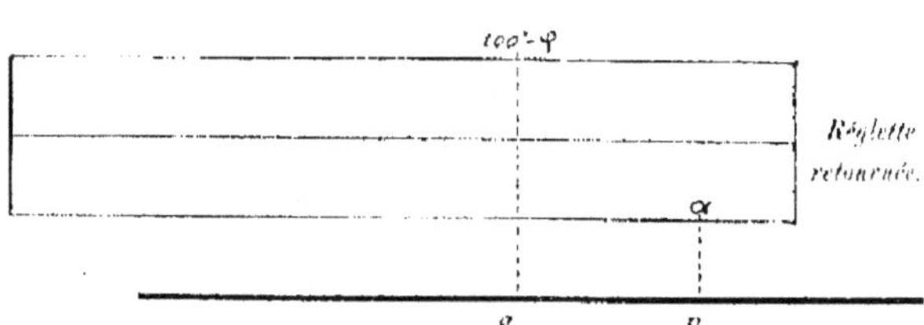

$$3° \qquad \beta = 2 \sqrt{\frac{p}{3}} = 2 \sqrt{\frac{7}{3}} = 3{,}054$$

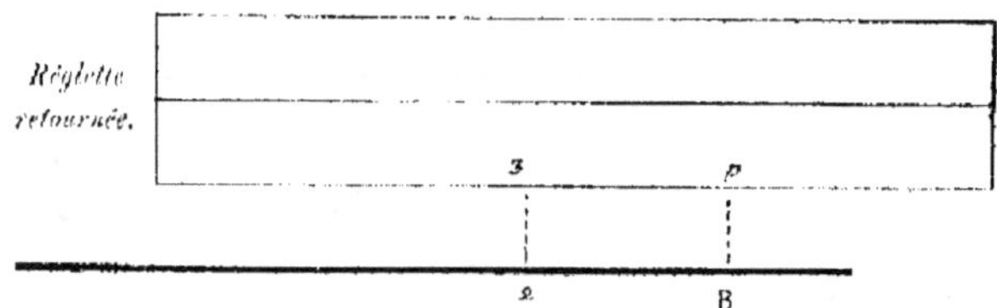

$$4° \quad x' = -\beta \sin\left(100^c - \frac{\varphi}{3}\right) = -3{,}054 \sin(87^c89) = 3$$

$$x'' = -\beta \sin\left(33^c{,}33 - \frac{\varphi}{3}\right) = -3{,}054 \sin(21^c22) = 1$$

$$x''' = -\beta \sin\left(33^c{,}33 + \frac{\varphi}{3}\right) = -3{,}054 \sin(45^c44) = 2$$

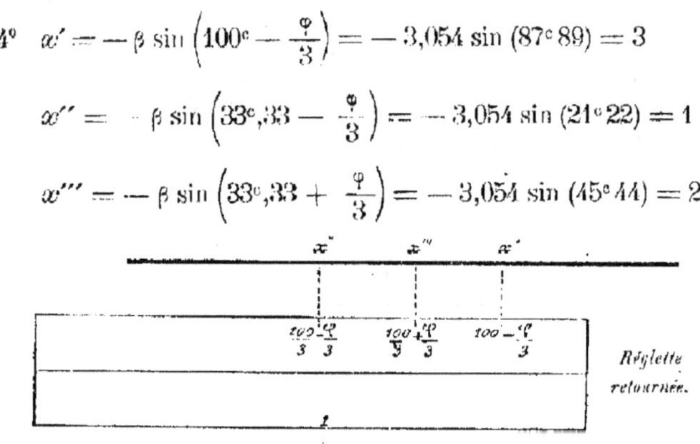

La détermination des trois racines exige, en tout, 4 mouvements de la réglette.

TRIGONOMÉTRIE.

66. — Trouver la distance de deux points séparés par un espace inaccessible.

Les deux points A et B sont séparés par une rivière ; on mesure la base A C et les angles adjacents A et C. Soient :

$$A\,C = b = 285 \text{ mètres.}$$
$$A = 75^c\,80$$
$$C = 32^c\,55$$

d'où $A + C = 118^c\,35$ et $B = 200^c - (A + C) = 81^c\,65$.

On a : $c = \dfrac{b \sin C}{\sin B} = \dfrac{285 \sin 32^c,55}{\sin 81^c,65}$

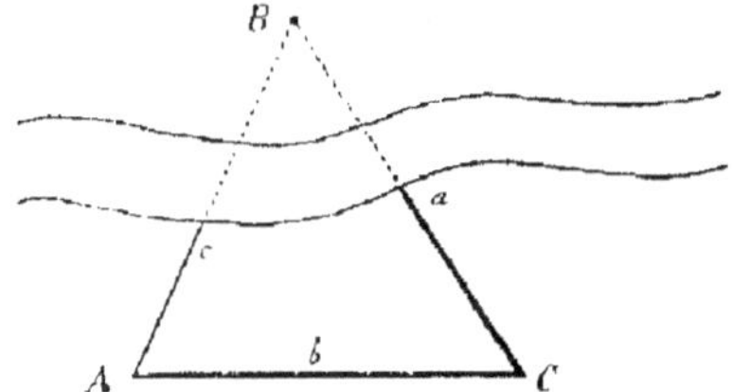

Par un seul mouvement de la réglette retournée, on trouve :

$$c = A\,B = 145,5 \text{ m.}$$

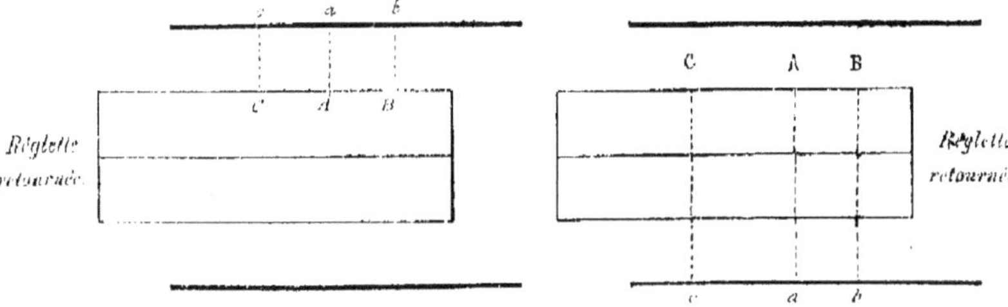

Sans déplacer la réglette, on pourrait calculer $B\,C = a$ par la proportion : $\dfrac{a}{\sin A} = \dfrac{b}{\sin B}$.

Temps
et latitude.

67. — Détermination du temps et de la latitude par l'observation de deux hauteurs d'une même étoile.

Ce problème sera résolu avec la *règle trigonométrique spéciale* ; nous supposerons que l'on emploie le modèle à division centésimale du quadrant.

Désignons par δ la déclinaison de l'astre, par λ l'intervalle de temps entre les deux observations, par t l'époque de la première, par h et h' les hauteurs observées. Les formules suivantes détermineront cinq angles auxiliaires, b, B, G, H et F puis la latitude φ et l'heure t par six mouvements de la réglette :

$$(1)\quad \frac{\sin (100 - \delta)}{\sin b} \cdots \frac{1}{\sin \frac{1}{2} \lambda} \qquad (2)\quad \frac{\sin B}{1} = \frac{\sin \delta}{\sin (100 - b)}$$

$$(3)\quad \frac{\sin G}{\sin \left[100^{c} - \frac{1}{2} (h - h')\right]} = \frac{\sin \frac{1}{2} (h + h')}{\sin (100^{c} - b)}$$

$$(4)\quad \frac{\sin H}{\sin \frac{1}{2} (h - h')} = \frac{\sin \left[100^{c} - \frac{1}{2} (h + h')\right]}{\sin b}$$

$$(5)\quad \frac{\sin (100 - H)}{1} = \frac{\sin G}{\sin (B + F)} = \frac{\sin \varphi}{\sin (100^{c} - F)}$$

$$(6)\quad \frac{1}{\sin (t + \frac{1}{2} \lambda)} = \frac{\sin (100^{c} - \varphi)}{\sin H}$$

Les numérateurs sont lus sur la règle et les dénominateurs sur la réglette.

En mer, il faudrait réduire la seconde hauteur h' à la valeur qu'elle aurait au point d'observation de la première. En désignant par Δ la distance des deux lieux obtenue à l'aide du loch et de la boussole, par α la différence de l'angle formé par la direction de la marche et le méridien avec l'azimut de l'étoile au second point d'observation on a pour la hauteur réduite $h'' = h' + \Delta \cos \alpha - \frac{1}{2} \Delta^2 \operatorname{tg} h$ ou simplement $h'' = h' + \Delta \cos \alpha$.

Application : $h = 65^{c},3$; $h' = 52^{c},4$; $\lambda = 2,^{h}15'20''$; $\delta = 42^{c},15$

On en déduit : $\frac{1}{2} (h + h') = 58,85$; $100 - \frac{1}{2} (h + h') = 41,15$

$\frac{1}{2} (h - h) = 6^{c},45$; $100 - \frac{1}{2} (h - h') = 93^{c},55$

$100 - \delta = 57^{c},85$; $\frac{1}{2} \lambda = 1^{h}7'40''$

$$(1) \quad \frac{\sin 57^c,85}{\sin b} = \frac{1}{\sin 1^h 7' 40''} \qquad b = 14^c 66$$

$$(2) \quad \frac{\sin B}{1} = \frac{\sin 42^c,15}{\sin 85^c,33} \qquad B = 43^c,5$$

$$(3) \quad \frac{\sin G}{\sin 93^c,50} = \frac{\sin 58^c,8}{\sin 85^c,3} \qquad G = 60^c,7$$

$$(4) \quad \frac{\sin H}{\sin 6^c,45} = \frac{\sin 41^c,2}{\sin 14^c,66} \qquad H = 17^c,19$$

$$(5) \quad \frac{\sin 82^c,81}{1} = \frac{\sin 60^c,7}{\sin (43^c,5 + F)} - \frac{\sin \varphi}{\sin (100^c - F)}$$

$$43,5 + F = 64^c,2 \; ; \qquad F = 20^c,7$$

$$\varphi = 73^c,3$$

$$(6) \quad \frac{1}{\sin (t + \tfrac{1}{2}\lambda)} = \frac{\sin 26^c,7}{\sin 17^c,19} \qquad t + \tfrac{1}{2}\lambda = 2^h 43' 20''$$

$$t = 1^h 36'$$

La règle trigonométrique spéciale pourra être utilisée à la vérification rapide des calculs de navigation. Avec une longueur convenable, elle donnera même une approximation suffisante pour permettre de substituer cette méthode directe à celle de Douwes, basée sur le point estimé.

III. — TABLES NUMÉRIQUES ET FORMULES PRÉPARÉES POUR L'USAGE DE LA RÈGLE.

TABLE DES 3 DERNIERS CHIFFRES D'UN CARRÉ.

Colonnes de gauche : CENTAINES ET DIZAINES DE LA RACINE. — Colonnes de droite (UNITÉS DU CARRÉ / UNITÉS DE LA RACINE) : CENTAINES ET DIZAINES DU CARRÉ.

				UNITÉS DU CARRÉ → 0	1	4	9	6	5	6	9	4	1
0 à 250 / 500 à 750 (UNITÉS DE LA RACINE)				0	1	2	3	4	5	6	7	8	9
250 à 500 / 750 à 1000				10	9	8	7	6	5	4	3	2	1
0	50	49	99	00	00	00	00	01	02	03	04	06	08
1	51	48	98	10	12	14	16	19	22	25	28	32	36
2	52	47	97	40	44	48	52	57	62	67	72	78	84
3	53	46	96	90	96	02	08	15	22	29	36	44	52
4	54	45	95	60	68	76	84	93	02	11	20	30	40
5	55	44	94	50	60	70	80	91	02	13	24	36	48
6	56	43	93	60	72	84	96	09	22	35	48	62	76
7	57	42	92	90	04	18	32	47	62	77	92	08	24
8	58	41	91	40	56	72	88	05	22	39	56	74	92
9	59	40	90	10	28	46	64	83	02	21	40	60	80
10	60	39	89	00	20	40	60	81	02	23	44	66	88
11	61	38	88	10	32	54	76	99	22	45	68	92	16
12	62	37	87	40	64	88	12	37	62	87	12	38	64
13	63	36	86	90	16	42	68	95	22	49	76	04	32
14	64	35	85	60	88	16	44	73	02	31	60	90	20
15	65	34	84	50	80	10	40	71	02	33	64	96	28
16	66	33	83	60	92	24	56	80	22	25	88	22	56
17	67	32	82	90	24	58	92	27	62	97	32	68	04
18	68	31	81	40	76	12	48	85	22	59	96	34	72
19	69	30	80	10	48	86	24	63	02	41	80	20	60
20	70	29	79	00	40	80	20	64	02	43	84	26	68
21	71	28	78	10	52	94	36	79	22	65	08	52	96
22	72	27	77	40	84	28	72	17	62	07	52	98	44
23	73	26	76	90	36	82	28	75	22	09	16	64	12
24	74	25	75	60	08	56	04	53	02	51	00	50	00
25	75			50									

Dans les 4 premières colonnes de gauche on recherche le chiffre formé par les centaines et dizaines du nombre à élever au carré. À l'intersection de la ligne portant ce chiffre et de la colonne portant les unités du nombre on trouve les centaines et dizaines de son carré. Il faut remarquer que les unités du nombre se lisent de gauche à droite entre les intervalles (0 — 250) (500 — 750) et de droite à gauche entre (250 — 500) (750 — 1000). Les unités du carré se lisent, dans la même colonne, sur la première ligne.

Constantes usuelles.

$$\pi = 3.1416 \qquad \frac{1}{\pi} = 0,3183 \qquad \sqrt{2} = 1,41421$$
$$\frac{\pi}{2} = 1,5708 \qquad \sqrt{\pi} = 1,77245 \qquad \sqrt{3} = 1,73205$$
$$\sqrt{5} = 2,23607$$
$$\frac{\pi}{4} = 0,7854 \qquad \sqrt{\frac{1}{\pi}} = 0,5642 \qquad \sqrt{10} = 3,16228$$
$$\sqrt[3]{2} = 1,25992$$
$$\frac{4\pi}{3} = 4,1888 \qquad \sqrt{\frac{3}{4\pi}} = 0,4886 \qquad \sqrt[3]{3} = 1,44225$$
$$e = 2,71828$$
$$\frac{\pi}{360} = 0,00873 \qquad \sqrt{\frac{6}{\pi}} = 1,382 \qquad M = \log e = 0,43429$$
$$\log_e x = 2,3026 \log x$$

Constantes physiques.

$g = 981$ centim. ; $\sqrt{2g} = 44,3$

À Paris, pendule simple de $1''$; $l = 99,4$ cm

    »   poids de 1 m. c. d'air $= 1,293$ kg

$(t = 0° : H = 760$ mm).

Vitesse du son dans l'air à $0°$: $v = 330,8$ m.

Vitesse de la lumière par $1''$: $v = 300000$ km.

Abaissement du niveau de la mer au-dessous de l'horizontale :
$$x \text{ (milli)} = l^2 \text{ (kilom.)} \times 0,0785.$$

Relations entre les unités.

Kilog. $= 9,81 \times 10^5$ dynes.

Kilogrammètre $= 981 \times 10^5$ ergs

    » $= 9,81$ joules

1 joule (énerg.) $= 10^7$ ergs

1 watt (puiss.) $= 10^7$ ergs par $1''$

1 kilowatt-heure $= 366.848$ kgm.

$$1 \text{ cheval-vapeur} = 75 \text{ kg. par } 1'' = 736 \text{ watts}$$
$$1 \text{ poncelet} = 100 \text{ kg. par } 1'' = 981 \text{ watts}$$
$$1 \text{ calorie-gramme} = 0{,}425 \text{ kg.} = 4{,}17 \times 10^7 \text{ ergs}$$
$$\text{»} \qquad \text{»} \qquad = 4{,}17 \text{ joules}$$

Formules préparées pour l'usage de la règle.

Arc $(n^c) = n\,\mathrm{D} : 127{,}32$

Circonf. $= \mathrm{D} : 0{,}3183 = 2\,\pi\,\mathrm{R}$

Cercle $= \dfrac{\mathrm{D}^2}{1{,}2732} = \pi\,\mathrm{R}^2$

Arc $n'' = n''\,\mathrm{D} : 114{,}59$

Radian $= 57° 17' 44''$.

$\text{»} \qquad = 63^c\ 66\ 18$

Aire d'un secteur : de $n^c = \left(\dfrac{\mathrm{R}}{11{,}284}\right)^2 n$; de $n'' = \left(\dfrac{\mathrm{R}}{10{,}705}\right)^2 n$

Ellipse $= \pi\,ab = ab : 0{,}3183$

Sphère : surface $= \mathrm{D}^2 : 0{,}3183 = 12{,}56\,\mathrm{R}^2$

Sphère : volume $= \dfrac{\mathrm{R}^2.\mathrm{R}}{0{,}4886^2} = \dfrac{\mathrm{D}^2.\mathrm{D}}{1{,}382^2}$

Volume d'un cône circulaire droit : $\left(\dfrac{\mathrm{R}}{0{,}977}\right)^2 h$

Volumes. — Cylindre....... $\pi\mathrm{R}^2 h = \dfrac{\mathrm{D}^2 h}{1{,}1284^2}$

Paraboloïde de rév. $= \left(\dfrac{r}{0{,}798}\right)^2 h$

Ellipsoïde $= abc : 0{,}2387$

Ellipsoïde de révol. $= \left(\dfrac{b}{1{,}382}\right)^2 a$

Vol. eng. par secteur polyg. tournant A B C D :

$$\mathrm{V} = \left(\dfrac{\mathrm{R}}{0{,}691}\right)^2 \times \text{ projection A B C D}$$

Secteur sphériq. $= \left(\dfrac{\mathrm{R}}{0{,}691}\right)^2 h$

Anneau sphérique $= \left(\dfrac{\text{corde}}{1{,}382}\right)^2 h$

Vol. d'un tas de sable (tronc de prisme à section trapèze)

$$= \dfrac{h}{6}\left[\mathrm{B}\,(2\,\mathrm{A} + a) + b\,(2\,a + \mathrm{A})\right]$$

Surface d'un tore $= 39{,}5\,\mathrm{R}\,d$

Volume d'un tore $= \left(\dfrac{\mathrm{R}}{0{,}225}\right)^2 d$

Vol. appr. d'un fût $= \left(\dfrac{2\mathrm{D} + d}{3{,}39}\right)^2 l$

Mesures françaises.

Pied   0,325 m.
Pouce   = 0,027 m.
Toise   = 1,949 m.
Mille marin = 1852 m.
Nœud   = 0,514 m. par 1″.
Arpent   = 34,19 ares

Boisseau   13 litres
Setier = 156 litres
Carat (diamant) = 0,205 gr.
Once = 30,59 gr.
10 fr. (or)   = 3,2258 gr.
1 fr. (argent) = 5 gr.

Mesures anglaises.

Pouce anglais (inch) = 0,0254 m.
Pied anglais (foot) = 0,3048 m
Yard   = 3 p = 0,914 m.
Mile — 1760 y — 1609 m.

Gallon imp. = 4,543 litres.
Liv. av. du p. = 453,6 gr.
Quintal   = 50,802 kg.
Ton = 20 qu. = 1016 kg.

Monnaies.

Schelling (Angl.) = 1,16 fr.
Livre sterling (Angl.) = 25,22 fr.
Dollar (U. S) = 5,183 fr.

Rouble (Russie) = 4,00 fr.
Reichs-mark (Allem.) = 1,235 fr.
Florin (Autr. Hong.) = 2,47 fr.

Conversions des divisions centésimale, sexagésimale et horaire de la circonférence.

Un angle quelconque sera représenté par C; $n'' + n' + n''$; $N^h + N^m + N^s$ suivant la division adoptée.

On calculera C en fonction des divisions sexagésimale ou horaire par l'une des égalités :

$$C = \frac{60\,(60\,n'' + n') + n''}{3240} = \frac{60\,(60\,N^h + N^m) + N^s}{216}$$

Réciproquement C étant connu, on calculera $n'' + n' + n''$ par les formules :

$$0,9\,C = n^0 + f''\,;\ 60\,f^0 = n' + f''\,;\ 60\,f' = n''.$$

et $N^h + N^m + N^s$ par celles-ci :

$$0,06\,C = N^h + F^h\,;\ 60\,F^h = N^m + F'''\,;\ 60\,F''' = N^s$$

en désignant par $f^0\ f'\ F^h\ F'''$ les parties décimales respectives des produits $0,9\,C — 60\,f^0 — 0,06\,C — 60\,F^h$.

De même, en désignant par $r^0\ r'\ r''$ les restes des divisions par

15 de $n''\,n'\,n''$ et par $R^h\,R^m\,R^s$ les restes des divisions par 4 de $N^h\,N^m\,N^s$, on aura :

$$N^h = \frac{n^0}{15} \; ; \; N^m = 4\,r^0 + \frac{n'}{15} \; ; \; N^s = 4\,r' + \frac{n''}{15} + 0{,}06667\,r''$$

$$n^0 = 15\,N^h + \frac{N^m}{15} \; ; \; n' = R^m + \frac{N^s}{4} \; ; \; n'' = R^s.$$

Conversion de la division sexagésimale de la circonférence en division centésimale et réciproquement.

s	c	s	c	s	c
1″	0ᶜ000 309	8″	0ᶜ00 247	5′	0ᶜ0926
2	0.000 617	9	0.00 278	6	0.1111
3	0.000 926	10	0.00 309	7	0.1296
4	0.001 235	1′	0.01 852	8	0.1481
5	0.001 543	2	0.03 704	9	0.1667
6	0.001 852	3	0.05 556	10	0.1852
7	0.002 160	4	0.07 407	1°	1.1111

c	s	c	s	c	s
0ᶜ001	0′.3″,24	0ᶜ1	5.′24″	2ᶜ	1°48′
0.01	0.32,4	0.2	10.48	3	2.42
0.02	1.4,8	0.3	16.12	4	3.36
0.03	1.37,2	0.4	21.36	5	4.30
0.04	2.9,6	0.5	27.0	6	5.24
0.05	2.42,0	0.6	32.24	7	6.18
0.06	3.14,4	0.7	37.48	8	7.12
0.07	3.46,8	0.8	43.12	9	8.60
0.08	4.19,2	0.9	48.36	10	9.
0.09	4.51,6	1.0	54.0	100	90.

Intérêt de 1 fr. pendant 1 jour et log. $(1 + r)$.

Taux (r)	INTÉRÊT Année de 360 jours.	INTÉRÊT Année de 365 jours.	Log $(1+r)$	Taux (r)	INTÉRÊT Année de 360 jours.	INTÉRÊT Année de 365 jours.	Log $(1+r)$
	0,000	0,000	0,0	3 1/2 %	097224	095890	149403
1/2 %	013888	013699	021664	4 »	111111	109589	170333
1 »	027777	027397	043214	4 1/2 »	124999	123288	191163
1 1/2 »	041665	041096	064660	5 »	138888	136986	211893
2 »	055555	054795	086002	5 1/2 »	152777	150685	232525
2 1/2 »	069443	068493	107239	6 »	166667	164384	253050
3 »	083333	082192	128372	7 »	194444	191781	293838

Densités (eau = 1).

Bronze	8,5 à 9,2	Grès	2,2 à 2,6
Cuivre	8,8 à 9,	Marbre calc.	2,7
Laiton	7,3 à 8,6	Sable	1,4 à 1,9
Fer, acier	7,6 à 7,9	Verre à vitre	2,5
Fonte	6,8 à 7,8	Chêne	0,6 à 1,2
Plomb	11,4	Sapin	0,4 à 0,65
Terre végétale	1,21 à 1,28	Alcool	0,8
Terre graveleuse	1,36 à 1,43	Pétrole	0,76 à 0,84
Brique	1,5 à 2,2	Essence de téréb.	0,869
Granit	2,5 à 2,8	Mercure	13,596

Diviseurs pour calcul du poids des pièces : $p = h \left(\dfrac{D}{\Delta} \right)^2$

(*h*, *hauteur*; D, *côté ou diamètre.*)

	Parallélépipède à base carrée.	Sphères ($h = D$)	Cône cir. droit.	Cylindres.
Eau	1	1,382	1,954	1.128
Fonte	0,370	0,5445	0,723	0.418
Fer forgé.........	0,358	0,495	0,704	0,405
Plomb.............	0,296	0,409	0,579	0,334
Laiton	0,344	0,476	0,673	0,389
Bronze canons	0,337	0,466	0,659	0,380
Marbre	0,609	0,841	1,189	0,687
Terre végétale.....	0,898	1,241	1,755	1,013
Terre graveleuse..	0,733	1,013	1,433	0,827
Pierre calc. ord^re..	0,640	0,885	1,251	0,722
Maçonnerie (moël.)	0,774	1,069	1,512	0,873
» (briqu.)	0,796	1,100	1,555	0,898
Chêne	1,204	1,664	2,353	1,358
Sapin	1,337	1,847	2,612	1,508

Charge pratique en kgs par millim. carré.

	Traction.	Compression.	Cisaillement.
Fer....................	7	7	6
Fonte	2,5	7	2
Acier cémenté...........	13	13	10
» fondu	30	30	22

	Traction	Compression	Cisaillement
Fil de cuivre............	6,6	—	—
» de fer.............	12	—	—
» de laiton..........	6,6	—	5
Frêne (direction des fibres)	1,2	0,66	....
Chêne (direction des fibres)	1,1	0,66	0,07
Hêtre (direction des fibres)	1,2	0,66	0,06
Pin (direction des fibres)	0,7	0,44	0,04
Corde chanvre........	0,8	—	....
Courroie en cuir.......	0,4	—	—
Pierre calcaire........	—	0,3	—
Grès.................	—	0,2	—
Brique de choix........	—	0,1	—
Brique ordinaire.......	—	0,06	—
Mortier de ciment......	0,2	0,15	—
» de chaux	—	0,04	—

Dilatations linéaires de 0 à 100°.

Acier.............	0,00108 à 137	Aluminium	0,0023
Bronze...........	0,0018 à 19	Plomb...........	0,0028 à 29
Cuivre	0,00170 à 172	Zinc.............	0,0023 à 31
Fer..............	0,00116 à 129	Grès rouge	0,0017
Fil de fer..........	0,00144	Marbre blanc.....	0,0008
Fonte	0,0010 à 11	Soud. (2 Cu, 1 Zn)	0,0021
Laiton...........	0,0018 à 21	Glace de — 27° à 2°	0,00005

Coefficients moyens de dilatation cubique entre 0° et 100°

Cristal...........	0,000019 à 26	Alcool.............	0,0011
Verre...........	0,000024 à 27	Pétrole...........	0,00104
press. const. Air, azote...	0,00367	apparente. Mercure...........	0,000156
Hydrogène .	0,00366	Eau (dil. tot. 0°-100)	0,043

Chaleurs spécifiques.

Alcool.............	0,605	Fer.................	0,1438
Huile d'olives........	0,310	Fonte blanche	0,1298
Acier...............	0,1185	Plomb...............	0,0314
Cuivre	0,0952	Mercure.............	0,0333

Les règles à calculs de A. Beghin sont fabriquées par
TAVERNIER-GRAVET, successeur de Gravet-Lenoir,
19, rue Mayet. Paris, VI. Maison fondée en 1780.

MÉDAILLES D'OR AUX EXPOSITIONS UNIVERSELLES DE PARIS DE 1878, 1889 ET 1900

Elles portent indifféremment la division centésimale ou sexagésimale du quadrant ; elles sont munies d'un curseur à glace. Les prix en sont fixés, suivant dimension et genre, comme suit :

Règle de 0,210 ou de 0,260, buis	12	fr.
» » » , plaquée celluloïd	14	»
» de 0,360 à biseau	40	»
» » sans biseau	35	»
» de 0,500 à biseau	70	»
» » sans biseau	65	»
Règle trigonométrique spéciale pour calculs astronomiques et de navigation.............................		»
Règle de 0,260 à biseau.............................	20	»
» de 0,500 , »	75	»
Curseur divisé spécial.............................	10	»

(plaquées buis ou celluloïd)

Pour recevoir franco en France, ajouter 0 fr. 25 par règle de 0,210 ou de 0,260 — 1 fr. 50 par règle de 0,360 — 2 fr. par règle de 0,500 — 0 fr. 30 pour l'instruction.

AUTRES PUBLICATIONS DU MÊME AUTEUR :

Tableaux d'analyse minérale précédés de notions sur les formules chimiques. 1 broch. in-4, 1886, chez A. Reboux, impr. libr. à Roubaix, *épuisé.*

Formulaire de manipulations et d'analyses chimiques, par A. Beghin, professeur à l'École nationale des Arts industriels, Directeur du Laboratoire municipal de Roubaix. 1 vol. in-8 de 408 p. cartonné, 1895. Vᵉ Ch. Dunod, éditeur, 49, Quai des Grands-Augustins, Paris, VIᵉ, 8 fr.

Règle à calculs (modèle spécial). Extrait des comptes-rendus de l'*Association française pour l'avancement des sciences.* (*Congrès de Boulogne-sur-Mer*, 1899).

Calendrier perpétuel (Julien et Grégorien) donnant pour une année quelconque la correspondance de la semaine et des dates, les fêtes mobiles, les phases de la lune et les lever et coucher du soleil pour tout lieu de la terre, *sans calculs et aussi rapidement que les calendriers ordinaires,* par Auguste Beghin, licencié ès-sciences (M. et Ph.), membre de la Société astronomique de France, 1900 (M. H. à l'Exposition universelle de Paris 1900, cl. 14). Éditeurs : X. Rondelet et Cⁱᵉ, 14, rue de l'Abbaye, Paris VIᵉ et E. Bertaux, 25, rue Serpente, Paris VIᵉ. Prix : *en feuilles* : 2 fr. ; *sur cartonnage cerné* : 2 fr. 50 ; *sur toile* : 3 fr.

Analyse du beurre (indice de saponification et acides volatils solubles). 1 broch. in-8, 1902. Société centrale de produits chimiques, 42 et 44, rue des Écoles, Paris, V.

LILLE, IMPRIMERIE L. DANEL.